おばあちゃんとおやつ

産業編集センター／編

はじめに

おばあちゃんから、おかあさんへ、孫へ。
おやつがつなぐ、笑顔のバトン。
口づたえ、手づたえでつなぐ、命のバトン。
おばあちゃんからじかに教わった、おやつの作り方とその思い出。

本書は、全国各地のお菓子づくりが好きなおばあちゃんにお声がけし、あまいおやつ、塩っけのあるおやつ、郷土に伝わるおやつの作り方とそのおやつにまつわる思い出を語って頂き、まとめたものです。

「おばあちゃんたちの手づくりおやつを取材し、1冊にまとめたい」

そう思い立ってから、実は2年も経過してのお披露目です。

当初、編集部で「お菓子づくりが好きな80歳以上の方」を探すところから始めた時は、よもやこんなにも長くかかるとは思っていませんでした。しかしいざ探しはじめてみると、なかなかうまくいきません。

人前で話をするのがちょっと……。写真を撮られるのがちょっと……。台所に人を招き入れるのがちょっと……。

自身の祖母も寡黙でシャイな性格でしたから、みなさんのお気持ちがよ〜くわかりました。

「テーマに無理があったのかなあ」くじけそうになった時、ある助産師さんの「最近の若いおかあさんの中にはな、甘いもんは虫歯になるさかい、食べさせせんでぇえっていう人もおるけどな。おやつは愛情の記憶なんやで。あまいもんをおばあちゃんやおかあさん、大切な人と一緒に食べたという記憶が、その子の人生の心の支えになったりするもんなんや」という言葉が胸に刺さりました。

「あきらめずにこの作業を続けよう」背中を押してくれる、力強い言葉でした。

生命の糧となる三度の食事とは違うけれど、おやつには、家庭ごと、地域ごとの、食事とはまた違う大切な役割があるのかもしれないな……。

その後人づてに、お一人お一人との交流を大切にしながら人物撮影をしているカメラマンさん、各地でしっかりと地域に根ざし本や雑誌づくりをしている編集者さんやライターさんと出会い、多くの方の力をお借りして、ようやく形になりました。

こうして多くのおばあちゃんにご登場頂けたのも、おばあちゃんの中で、「照れくさくってもこの人にだったらお話してもいいな」そう思える関係性が取材者との間にしっかり築かれていたからだと思います。

本づくりを通じて、多くのおばあちゃんと「対話」させていただきました。

次は読者のみなさんにバトンを繋ぎます。

おやつを作りながら、頬張りながら……。この本が、大切な人との対話が生まれるきっかけとなるようならば、これに勝る喜びはありません。

2007年12月吉日

産業編集センター「おばあちゃんとおやつ」編集部

おばあちゃんとおやつ

もくじ

母から子へ孫へ。

命のバトンタッチ！

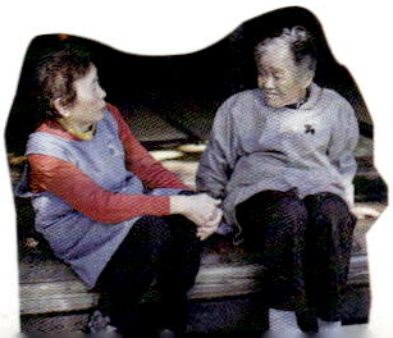

自然からのめぐみで
おやつ作り、
おやつも旬のものが一番

仲良しこよしでおやつを
頑張る時間が大好き

くずまんじゅう

北海道札幌市中央区
北3西27(円山近辺)

金井智子さん

北海道札幌市中央区、中心部から西に少し離れた円山周辺の団地で、金井智子さん（74歳）は妹の小川由紀子さん（68歳）と一緒に暮らしている。二人は三人兄弟の長女、次女として生まれる。

「戦前、父親は和洋菓子職人の下積みで東京に出ていましたが、下積みを終えて帰ってくる時ですね、沖縄へ渡り闇市で大量に砂糖を買いあさり、北海道へ持ち込んだそうです。昭和10年頃、札幌でも数少ない和洋菓子店〝多満屋〟を開業しました。食べ物さえろくになく、砂糖が貴重なその当時は、お客さんがどっと押し寄せたようで、タンスにお金が入らないくらい、溢れるくらい儲かったそうです。特に、闇市で買い込んできた砂糖は、お金を払ってまで見張り番をつけて、厳重に守ったみたい。父は、砂糖を命がけで守り、引き換えに身柄を拘束され投

獄されたこともあったようですね」

その甲斐あって〝多満屋〟は次第に繁盛、工場を広げ、職人は弟子をとるようになります。「作りたてのお菓子を、職人さんたちが工場の窓から渡してくれて、出来たてを食べさせてくれたもんです。そのお菓子はほんとにおいしかったですね。だから、他のお家と違って特別に感じるおやつというものはなかったんです」

特別ではない、いつも身近にあったおやつ。ただ、その中で小さい頃の智子さんにとって忘れられない和菓子があります。それは「くず桜」。「父は『くず桜』を特にこだわって作っていたようなんです。子どもながらに、父の並々ならぬ思いを感じましたね。その手さばきはあざやかでした。

近頃は、その当時の父の手さばきやお菓子の味・形を思い出しながら、妹と二人で色々とお菓子を作るんですが、なかなか難しくて（笑）。母親は医者の娘で、そこから父の元へ嫁ぎ、多満屋の事務方をしておりました。基本的に炊事・洗濯は、お手伝いさんがしていましたので、母が何かを作るということはありませんでした。

その当時の一般家庭とは、だいぶ違う暮らしをしていたんだなぁ、と今は思います。父が東京へ仕入れに行き札幌に戻ると、必ず革靴やマント、コートといった洋風のお土産を買ってきてくれました。洒落た人だったんですね、父は」

金井さんは当時を懐かしそうに振り返ります。

春は円山の新緑の薫り。
冬は凍てつく空気、窓からは一面の雪景色。

昭和8年札幌十字街の写真を指さす金井さん

かない　ともこ●昭和18年6月3日生まれ。札幌市生まれ。戦後、和洋菓子職人である父のもと、三人兄弟の長女として生まれる。父と同じく洋菓子職人の道を選び、大手洋菓子店で働く。お菓子を作るだけでなく、買って食べてくれたお客さんの声を聞きたいという思いで、50歳を目前に妹と二人で洋菓子店を始める。現在は趣味として続けている。

くずまんじゅう

材料　1〜2人分

くず粉…16g
あんこ…50g
水…16g
上白糖…16g
※桜の葉…4〜5枚

作り方

1
くず粉をボウルに入れる。あんこをお皿に取り出して一口サイズに分けておく。

2
くず粉の入ったボウルに水を入れる。だまのないようによく混ぜる。

3
混ざったら、砂糖を入れかき混ぜる。

4
軽く鍋を熱した後に、3で混ぜたものを入れ中火にかける。

5
水分が飛んで固まってきたら、スプーン1杯分取ってあんこを包む。
※固まる前に指先で包んでいきます。
※くずが固まったものは、かなり熱を持っています。氷水などを用意し手を冷やすなどして火傷に注意してください。

6
お皿に盛って冷蔵庫で少し冷やしておく。十分に固まって冷えたら完成。

※「くず桜」が本来のお菓子の名前。「くず桜」を作る時は桜の葉で包みます

がんづき

岩手県盛岡市

梅津末子さん

米粉に醤油や黒砂糖を加えた生地を蒸した餅菓子「きりせんしょ」、小麦粉生地で黒糖とくるみを包み茹でた「みみこもち」など、昔から岩手県南に伝わるおやつで育ったという料理講師の梅津末子さん。料理上手のお母さんが作るおやつはどれもおいしく、「今でもその味に追いつかないの」と話します。中でも特に思い入れの強いものが、「がんづき」。小麦粉に重曹、黒砂糖を混ぜて蒸した、やはり岩手のふるさとの味で、丸い生地と表面のくるみや黒ごまが、月に向かって飛ぶ雁に見えることからその名が付いた、ともいわれています。

時代とともに卵や牛乳などを加えて現代風の味にアレンジする人が増えていますが、それだけに梅津さんは本来の素朴な味を守り伝えたいと、主宰する料理教室でも積極的に紹介しているとか。もちろん家でも、4人の子どもたちに作り続けてきました。

「娘たちと一緒に作っていると、待ちきれずにゴムべらに付いた生の生地をなめたがるんですよ。『こればっかりはなめることができないよ』となだめたりして（笑）。蒸しパンにはさつまいもやりんごなんかを入れましたけど、がんづきは母のレシピどおりあくまでもシンプルに。きりせんしょの味も母直伝ですね」。

それ以外にも結婚後に通った料理教室で覚えたお菓子など、子どもたちには和洋さまざまなおやつを手作り。一方教室ではアシスタントとして手伝うようになり、それなら本気で講師を目指そうと、50歳の時に一念発起して東京の大学の通信生として面接授業に通いました。昭和一ケタ生まれのご主人は、家事も育児も手抜きをしないという条件で、大学通いもその後の講師の仕事も渋々認めたとか。でもそんなご主人も梅津さんのがんづきは大好物で、梅津さんが仕事に出かける朝、食事と一緒に作っておくと、とたんに機嫌良く送り出してくれたそうです。

「今の人には重曹のにおいはキツイので、ベーキングパウダーを少し加えたのが私流。それでも昔のがんづきを知っている人はこれを食べると、『懐かしい』と喜んでくれますし、知らない人もこの素朴な味を新鮮に感じるようですよ」。

85歳の今も、毎月8つの教室で指導するほか、イベントや出張料理教室で教えるなど忙しい日々。取材時には男性の生徒さんたちが手伝ってくれて、蒸し上がりの熱々をほおばっては、「そうそう、この味！」と声を上げていました。

「美しい川と岩手山」は、盛岡を代表する風景。
そんな自然に育まれた食材もまた、梅津さんの料理のテーマの一つ。

うめつ　すえこ●昭和8年岩手県奥州市生まれ。結婚後夫の転勤により県内各地をまわり、40年ほど前から盛岡市に住む。名刺の肩書きは「料理講師」だが、岩手県「食の匠」認定委員、いわて地産地消推進会議推進委員など、郷土料理の指導や食文化の普及でも活躍。昨年は、平成28年度岩手県食育貢献者として表彰されました。ほかに、環境と食を考える会「駒草」を主宰。料理教室のほとんどは20年近く継続しているもので、長いつきあいの生徒さんたちとは、新しくオープンした店や話題の店で食事を楽しむことも。

がんづき

材料　直径18cm型1台分

黒砂糖…150g
水…200cc
小麦粉…200g
重曹…小さじ1弱
ベーキングパウダー…小さじ1弱
黒ごま…適量
くるみ…20g

作り方

1
鍋に黒砂糖と水を入れ、中火にかける。黒砂糖のざらざら感がなくなるまで溶けたら、火を止めて冷ます。

2 小麦粉と重曹、ベーキングパウダーを混ぜてふるいにかけ、冷ました1を加えて混ぜ合わせる。だまにならないよう、でもさっくりと混ぜるのがコツ。

3 型に入れる。

4 表面に黒ごまをふる。見た目は良くないが、多いほうが風味が良くヘルシー。さらにくるみをふる。

5 あらかじめあたためておいた蒸し器に入れる。強火で25〜30分間蒸す。

6 ふたを開けて蒸し上がりを確認。生地に竹串を刺してくっつかなかったら完成。

郷土のおやつ
東北編

仙台駄菓子

宮城県

伊達藩の初代藩主伊達政宗が、戦に備えて兵糧や携帯食として作った「仙台糒」（せんだいほしいい）が有名。仙台糒の製法は伊達藩の家伝で門外不出とされましたが、時折この仙台糒が家臣や町民にも払い下げられたそうです。その払い下げられた仙台糒を、原始的家内企業によって、おこしや黄粉、胡麻、くるみ、粟等を使ったねじり菓子、餅菓子に仕立てたのが仙台駄菓子のはじまり。

吉良邸の討ち入りを果たした赤穂四十七士が泉岳寺に引き上げる途中、伊達家四代の綱村が彼らに粥をふるまったとされていますが、その粥は、仙台糒に熱湯を注いで作ったものだったのです。

会津駄菓子

福島県

福島県会津若松市にある江戸時代創業の「長門屋」で作られている会津駄菓子が有名。幕末の嘉永元年、長門屋が時の藩主松平容敬に「庶民のお菓子を作れ」と命じられたのが会津駄菓子のはじまりとされています。「黒ぱん」「金花糖」「おこし」「とり飴」などが有名で、会津の人々に長年親しまれているお菓子です。

駄菓子文化が発達した土地柄

白砂糖を使った上等のお菓子（上菓子）に対して、くず米、粟、豆など安価な原料で作ったお菓子を「雑菓子」と言います。

雑菓子の発祥は江戸時代。当時白砂糖は大変な貴重品で、武家など身分の高い人々が食するものとされていました。そのため白砂糖を使ったお菓子は上等のお菓子にのみに使用。庶民は、黒糖やでんぷんに、くず米や粟、豆などの安価な材料を加えてお菓子を作っていたのです。

このような庶民の食べるお菓子のことを東京より南の地方（京都・大阪・四国・九州）では雑菓子、東京より北の地方（関東・東北・北海道）では駄菓子と呼ぶことが多かったそう。

郷土のおやつ

東北編

鶴岡駄菓子

山形県

鶴岡を代表する「きつねめん」、「からからせんべい」の他、「お雛菓子」、「さげもの」、「焼酎菓子」、「かつおぶし」などが有名。

きつねめんは、小豆粉で作った香ばしいもろこし（小豆粉を木などにで造った枠に入れ、かためたもの。らくがんの一種）。

藩主酒井候が越後長岡へ転封を命ぜられた時、領民20万人が猛反発、「何卒居成大明神」の旗を立ててデモを敢行。見事に願いが受け入れられたのですが、その時藩主の「居成」が成功したことを「稲荷」とかけ、狐の面を象ったお菓子が作られたのです。

南部駄菓子

岩手県

きな粉、もち米、黒砂糖、水飴を使ったものが多く、冬の保存食として伝統的に作られて来ました。祭事に用いられたことで、子どものお菓子として定着しています。味噌パン、あんこ玉、きな粉ねじりなどが有名です。

特に米所では、換金できないくず米が大量に出るため、それらを材料とした駄菓子が、今も親しまれる伝統的な郷土菓子に発展していったようです。

中でも米を糖化させて作る飴類は、煮詰める時の火加減が気候に左右されるので、秋から冬にかけてが一番美味しいおいしく作れる時期とされています。

戦後は、駄菓子というと、「まちの駄菓子屋さん」に売られているような、パッケージにスポーツ選手やアニメキャラクターを使用した安価なお菓子を指すようになりましたが、東北地方では今も「駄菓子」といえば昔ながらの駄菓子のこと指し、親しまれています。

ここで、それぞれの地域の駄菓子について、簡単にご紹介しましょう。

揚げ餅

茨城県那珂市

宮田好江さん

茨城県北部に位置する那珂市、好江さん（83歳）は、旦那様と二人で暮らしています。

好江さんがまだ9歳の頃、当時流行した赤痢によって母親を亡くします。「そんだから、母親のことは全然覚えてないのよ。父親は会社勤めの人だったから、ご飯だのおやつだのはどうしてたんだろうねぇ。戦後で、家々からはお国に一定の食料を売り渡さなくちゃならない決まりがあったから、食べ物も全然なかったしねぇ。小麦が足りないもんだから、〝しょうふ〟っていう小麦の皮、殻を混ぜて作ったうどんを食べた記憶があるけど、あれは美味しいと言えるもんじゃなかったねぇ。ましてや、母親の味だの、懐かしい味だのっていう記憶はないよ。私も、子どもたちに何作ってあげたかなんて忘れっちゃったよ。」好江さんにとっ

ては遠い過去の記憶、けれど、娘さんたちにとって忘れられない母親の味がある。本当に美味しかった、よく食べたというのが「揚げ餅」だ。「そういえば、誰に教わったのかはよく覚えていないけれど、子どもたちによく作って食べさせてたね。すぐにみんな食べっちゃって無くなんだわ。お正月に供えた鏡餅をくだいておやつにすんのよ。お嫁に来たときは、この家のおじいさんもパリパリ食べやすいからって食べてたね。おやつと言えば、この前、里芋の捨てるようなちっちゃいのをはじき芋っつーんだが、それを茹でて料理に使おうと思っていたら、孫たちが皮を食べちゃったのよ（笑）。昔はそうやって、はじき芋を茹でてツルッと指でむいて砂糖醤油で食べるのが、おやつだったのよ。娘たちもよく食べたもんだ。みんな五本箸で食べんだから。五本箸は手で食べるってことだよ（笑）」

今なお、夫の勇さん（89歳）と共に干し芋作りを続けています。薪で火をおこし水蒸気で蒸す、皮をむいて天日で干す、全て手作業による昔ながらの製法です。10時と15時はおやつの時間、きっちりお休み。近所のお手伝いの方とお茶を飲み、五本箸で揚げ餅やさつまいもを蒸す時に一緒に蒸した卵をつまみながら、話は尽きない。

地平線近くから顔をだす太陽、関東平野を包む青い空。
雀のさえずりとともに色づいていく。

みやた　よしえ●昭和9年12月1日、茨城県久米村（現・常陸太田市）、農家の娘として六人兄弟の四番目の娘として生まれる。好江さんが9歳のときに赤痢で母を亡くす。結婚して二人の娘を授かる。初めは夫婦で植林用の杉の苗木を売って生計を立てていたが、その後生産物を変えながら、現在は干し芋作りをしている。

揚げ餅

材料（切り餅2～3個分）

乾燥したお餅
…鏡餅などあまったお餅

揚げ油…フライパンにたっぷりの油

醤油…適量

作り方

1
よく乾燥させた餅を粉々に砕く。もしくは包丁で1cm角程度の大きさに切る。

※餅の乾燥が足りない場合、ザルに並べて風とおしが良い場所で日に当てる。乾燥してヒビ割れ、バラバラになるくらいでいい。

※揚げると膨らむのでなるべく小さめに。

2

フライパンに油を入れる。油を熱する前に粉々にした餅を入れて油によく浸す。

3

中火で加熱しながら、まんべんなく火が通るようにかき混ぜる。

4

餅がよく膨らんで全体がキツネ色になったらお皿に取り出す。

5

取り出してすぐ醤油を全体にまぶしながら混ぜる。

※熱々の状態で醤油をかけるのがポイント。ジュッと蒸発しながら餅に染む。

ぬれせんべいのような箇所ができたり、パリパリの箇所ができたりする。

つみれ汁

東京都墨田区東駒形

松崎智恵子さん

「おやつなんて立派なもの、作れないわよ〜。私には無理無理」最初はそう言っていた松崎さんですが、お話をしていくうちに、「おやつ？　そうだねえ。もしも、お昼ごはんと夜ご飯の間に、ちょっとお腹に入れて小腹を満たすもの、ということでよければ、うちの場合はつみれ汁かなあ」と。

「あ、それいいですね。うちの夫も小さい頃のおやつの思い出は煮干しだったと言っていました。家に帰ると食卓の上にポンと煮干しが置いてあったって」

「男の子が多い家はどこもそんなだったかもねえ」

そんな会話で始まった松崎さんとの出会い。

後日松崎さんの住む町、墨田区東駒形を訪ねると、通りという通りが、その週末からあるという「牛嶋神社祭礼」の準備で活気づいていました。

電話で家までの道順について詳しく教えてくださっていたのですが、心配になったのか、教えて頂いた番地にたどり着くと、玄関先に出て待っていてくださいました。通りがかりの町内会の人たちと言葉を交わし合う姿は下町風情。いいものです。

「私は生まれも育ちも下町。隣町からこの町に嫁いだのよ。夫の家業が魚屋だったから朝らから晩まで大忙し。子どものために、ゆったりとおやつをこしらえる時間なんかなかった。でも、新鮮で美味しい魚だけは豊富にあるでしょ。だから、空いた時間に大量につみれ汁を作っておく。子どもたちは学校から帰って夕飯ができるまでの間にお腹がすくとそれを食べる。そんな毎日だったわねぇ」

今ではすっかりそれぞれの所帯を持つお子さんたちとの日々を思い出し、懐かしそうに笑います。

「なあんてことないおやつ。でもカルシウムが豊富でしょ。おかげで、子どもたちは歯や骨が丈夫でね。学校の先生からそのことをよく誉めてもらってたっけ。それもこれも、このつみれ汁をいつもいつも食べていたからだよねぇ」

「今でもつみれ汁は作るんですか?」の問いかけに、「今は娘たちの世代が中心だからね。余計なことはしないの。空いた時間はね。地域の役に立てばと思ってすぐ近くのBIGSHIPっていう墨田区の施設ですみだ食育グットネットの仲間と料理を作ったり。そんな時もこちらからあれやりたいこれやりたいは言わない。今の人が中心になってこの町を盛り上げいくのが一番だからね。それがこの町にとって、一番いいんだから」

取材を終えた後も、玄関口まで見送りに出てくれた松崎さん。ふと目をやると、一階がガレージになっていることに気づきました。

「あぁここ。空いたところにね。お祭の時は、机を置いて料理を振る舞うの」

提灯の飾り付けに精を出す若者を見守りながら、落ち着いた口調の中にも心なしか気持ちが華やぐ様子の松崎さんが印象的でした。


今にも神輿の担ぎ手の勇ましい掛け声がきこえてきそうな下町。

ここで産まれ、育ち、嫁ぎ、子育てを。

そして今は、孫育てをしながら、町の暮らしを見守っている。

まつざき　ちえこ●昭和8年、墨田区生まれ。隣町から現在住まいのある東駒形エリアの魚屋に嫁ぎ、三女を育てる。墨田区の地域プラザの創設に携わり、「フードラボ」のスタッフとして活動中。現在は、三女の家族と同居。

つみれ汁

材料（3～4人分）

ねぎ…1本
しょうが…ひと片
いわし…4尾
大葉…2枚（トッピング用に少し残しておく）
片栗粉…30g
卵…1個
みそ…大さじ1
水…100cc
だし…1袋
しょうゆ…大さじ2
酒…大さじ1
塩…少々

作り方

【下準備】

・ねぎを小口切りに、大葉を千切りにしておく。

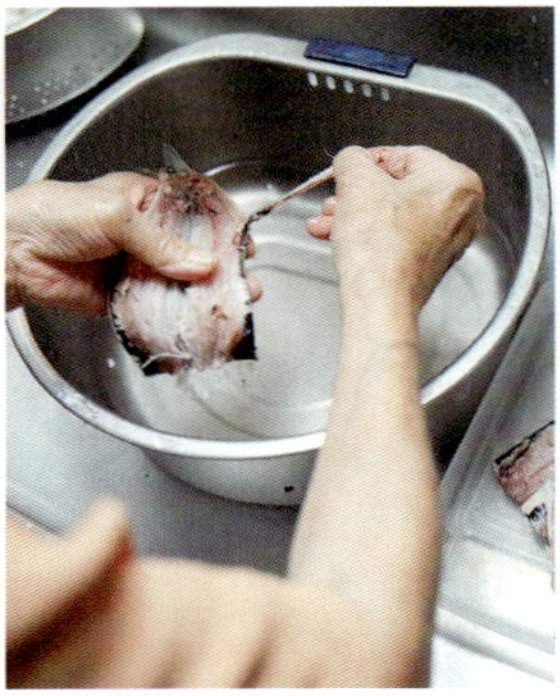

【ささっともう1品】

煮干しを乾煎りして瓶に入れ、食卓の上にポンと置いておくだけ。「小腹がすいたー」なんていう孫にうってつけ。

1 ・しょうがはすりおろしておく。
いわしは頭をとって腹を割り、氷水に漬ける。

2 はらわたをこそぎ出し、骨をとって開く。

3 まな板の上に置き、庖丁である程度の大きさに切ってからたたく。

4 すり鉢に、たたいたいわし、しょうが、大葉、片栗粉、卵、みそを入れ、混ぜ合わせる。

5 水にだしを入れ、沸騰したらしょうゆ、酒、塩を少し入れて一煮立ちさせる。

6 スプーンで混ぜ合わせたいわしをすくいとり、一口サイズずつ鍋の中に落としていく。

7 お椀に注ぎ入れ、ねぎと大葉を散らしたらできあがり。

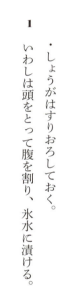

かいもち

新潟市西蒲区福井

本間テルさん（写真右）
斉藤チイ子さん（写真左）

大正琴が共通の趣味、お茶飲み仲間の本間テルさん91歳と斉藤チイ子さん83歳。2人の住まいは新潟市西蒲区福井の村を貫く旧北国街道を挟んであちらとこちら。互いの家から徒歩数十秒のところにある築200年以上の茅葺き民家「旧庄屋佐藤家」の台所では、料理上手な2人のおばあちゃんはじめ地域のお母さん達が、イベントがある毎に腕を振るい、郷土料理でお客をもてなします。

『「おやつ』なんていっても、今の人みたいに洒落たものなんか作らないよ。かぼちゃふかしたり、雑炊食べたりしてさ。草餅とか団子とかそういうのは、夏のお祭りの時に作ったね。あとおやつではないかもしれないけど、『かいもち』は毎年春と秋のお彼岸には必ず作るよ。うち（斉藤さん）の子どもはあんまり食べなかったけど、私たち夫婦なんて今でも大好き。昔は稲刈った後とか、まんがお

ろし（牛をつかった代掻《か》き）の時のご馳走やお祝いにも食べてたの。ほら、肉体労働をするから、その労をねぎらうんだね。牛にだって食べさせたんだよ。この辺では『おはぎ』と呼ばないで『かいもち』って言うの。搗《つ》かないで、手でかいただけのお餅って意味みたいだね。沢山作って親戚に配ったりしてね。そしたら配った相手も作っているから、よく交換し合ってた。親戚にあげるときなんか2升（30kg）は炊いたね。あの頃はあんこよりもご飯の量が多かった。それから今のおはぎみたいに一つ一つきれいにあんこで包んだりしないのよ。鍋で柔らかめに煮たあんこの中に餅を次々入れるの。それをそのまま重箱に入れて持っていく。だから見た目はムラがあって上品じゃないけど、当時は甘いものなんてなかなか無いもんだから、一番のご馳走だったね。お産を終えた産婦さんにも、しょっぱくして『しょうげもち』って言って食べさせたり、ゴマをかけた『ごまけもち』っていうのもあったね。」

親戚や地域の人たちが集まり、大勢で田んぼ作業をすることはなくなってしまったけれど、今でも毎年春と秋のお彼岸になると、地元のもち米と自分で拵《こしら》えた小豆でかいもちを作り、仏様にお供えすることは続けている。出来たてのかいもちを頬張ると「ばか美味いね〜」と満面の笑みを浮かべた斉藤さんの旦那様。今日も佐藤家では、地域を見守るご先祖様と今を生きる人々をつなぐ「かいもち」が、笑顔の輪を生んでいました。

日本海に面する角田山に守られ、縄文の昔から豊かな生態系を育む福井集落。山からの豊富な清水は田んぼを潤し、夏にはホタルも飛び交います。

本間テル（大正15年5月25日、新潟市西蒲区福井生まれ　91歳）
ほんま　てる●旧北国街道沿いに200年以上続く柚餅子屋「本間屋」の6人兄弟で唯一の娘として生まれ、昭和20年頃店の手伝いを始める。21歳でお婿さんを迎え、2男2女をもうけた。今も現役で店番や家庭での料理をこなすテルさんの長生きの秘訣は、「くよくよしないこと」だそう。

斉藤チイ子（昭和9年7月30日、同市同区竹野町生まれ　83歳）
さいとう　ちいこ●福井集落からほど近い竹野町の農家の娘に生まれ、地元青年団の活動で出会った斉藤文夫さんと24歳で結婚。1男1女を育てた。得意料理は自分で育てた野菜の漬け物。「旧庄屋佐藤家」の世話人として保存活用に勤しむ旦那様を、イベント時に料理番をするなど全面で支える。

かいもち

材料（約30個分）

もち米…5合　あずき（大納言）…5合

水…（餅用）炊飯器で5合よりも少なめ（4.6合くらい）

（あんこ用）鍋の中であずきより少し多め（1～2回煮こぼす）

上白糖…500g

塩…少々（小さじ1杯程度）

作り方

1 炊飯器に入れる1時間前からもち米をとぐ。

2 炊飯器でもち米を炊く。水は白米よりも少なめ。炊き上がったら、15分蒸らす。

3 あずきを中火で茹でる。鍋であずきよりも少し多

めに水を入れ、1～2回煮こぼす途中、焦げ付かないように木べらでよくかき混ぜる。

3

煮こぼした後、再び水を入れ、柔らかく皮が破れるくらいまであずきを煮る（弱火）。きちんと柔らかくなったら、その後、砂糖と塩を入れる。この間もずっとヘラでかき混ぜる。

4

砂糖を入れ、水分が減り、あんこの底がヘラで見えるくらいになるまで弱火で練りつづける。小1時間ほどしっかり練ると、日持ちのするあんこができる。

5

ご飯をボウルに入れて少し冷まし、小さなお茶椀1杯に入れ、握って食べやすい大きさに丸める。

6

冷ましたあんこを大さじ山盛り1杯分とり、手の中で広げ、餅を置いてあんこを伸ばしながらやさしく握り、包んで完成。

郷土のおやつ
関東甲信越編

群馬

温泉旅行に欠かせない郷土菓子といえば、小ぶりで茶色をした温泉まんじゅう。今や全国の温泉でポピュラーな土産物として親しまれている温泉まんじゅうですが、発祥は伊香保温泉の「湯の花まんじゅう」。

初めて作られたのは明治43年。東京の風月堂で修行していた半田勝三が、伊香保に帰郷した際、地元の古老から「伊香保にこれといった名物がない。何か新しい土産物を」と依頼を受け「湯乃花まんじゅう」を考案。温泉の茶色い湯花をイメージし、黒砂糖を使って茶色のまんじゅうを作りだしたのだそう。

全国の温泉にひろがりを見せたのは、昭和9年、陸軍特別大演習で群馬に行幸していた昭和天皇が「湯の花まんじゅう」を大量にお求めになられたことがきっかけだったとか。

埼玉

埼玉県では昔からハレの日にはまんじゅうが提供されることが多かったそうです。

小麦の収穫後には「炭酸まんじゅう」、「酢まんじゅう」、「茹でまんじゅう」、「いがまんじゅう」など、バリエーション豊かなまんじゅうがお目見えします。中でも特徴的なものが、蒸しまんじゅうの表面を覆うように赤飯をまぶした「いがまんじゅう」。「いがまんじゅう」は、餅米が貴重だった時代に考え出されたとも、ハレの日に赤飯とまんじゅうを両方まとめて作ってしまう嫁の知恵から生まれたとも、子供の病気よけのために作られたともいわれるお菓子で、農林水産省の「郷土料理１００選」に選ばれています。

小麦をつかったお菓子が充実

北関東は、古来より九州北部と同じく二毛作地帯。不足しがちな米の裏作として秋から春に麦が作られていました。水はけが良く、冬の日照時間が長い土地ということもあり、麦の育成に適していたのです。

特に群馬県、埼玉県は粉食文化が発達し、うどんなどがよく食べられていました。「朝まんじゅうに昼うどん」という言葉があるほど、この地域の人々と小麦由来の食べ物は密接な関係にあるのです。

この地域の小麦は質がよく、様々なお菓子が開発されました。ここでは群馬県と埼玉県のお菓子についてご紹介しましょう。

長野

長野では、みすゞ飴が人気。信濃の国の枕詞「みすゞ」に由来するこの飴は、長野県上田市野の飯島商店が製造している乾燥ゼリー菓子。水飴と寒天で作る翁飴に、信州特産のあんずやもも、りんご、ぶどうなどを練り込んだお菓子として明治時代末期に作られました。

新潟

長岡で有名なのは「越乃雪」。日本三大銘菓に数えられています。「越乃雪」は、新潟で取れた餅米の寒晒粉と阿波和三盆糖を合わせ、土地の湿度になじませて精製した押し物菓子。

また、新潟市内で有名なのは、切り出し柚餅子「ゆずっこ」。1829（文政12）年創業以来、変わらぬ味を守り続ける柚餅子屋「有限会社本間屋」のもので、福井の水を利用してもち米をふかし、和三盆蜜柚子皮と一緒につきあげて作られています。

果物菓子の聖地

甲信越地方、特に山梨と長野は果物（あんず、もも、ぶどう、りんごなど）の生産量が多いことから、郷土菓子にも多くの果物が使われてきました。例えば山梨県の「月の雫」は果物（ブドウ）を使った代表的銘菓ですが、菓子店「満寿太」の店主が糖蜜を練っている時、他の菓子で使う予定だったブドウ一粒が銅鍋の中にうっかり落としてしまってできた偶然の産物だったりします。

一方新潟は国内有数の米所。山梨、長野と違って米を原料とするお菓子が多いのが特徴です。

遠州焼き

坂田スズさん

静岡県浜松市

シックなワンピースの装いで迎えてくれた坂田スズさんは、浜松の旧市街で生まれ育った『都会っ子』。80年という歳月を経てなお、そんな洗練を漂わせる方です。22歳の時に東海道沿いで織屋を営んでいた坂田家に嫁がれました。

「当時は母屋の東側に工場があって、大勢の人を雇って盛んに遠州広幅木綿を織っていたのです。間もなく紡績業が斜陽になりましたから、息子たちには家業を継がせはしませんでしたけれど」

往時を物語る広い敷地内には、建築家であるご子息・坂田卓也さんの作品でもある住居、蔵を改装した設計事務所、そしてスズさん夫妻が住まう母屋が並びます。旧街道に松並木が残り、海にもほど近いこの歴史深い地域では、仲夏の頃になると浜から持ち帰った砂を玄関先に盛って、家内安全を祈る『浜垢離《はまごり》』という

神事も伝わります。

「浜松は東西の文化が共存する土地です。名物の鰻料理も東の『蒸し』と西の『焼き』が味わえます。建築に関しても同様ですよ」と卓也さん。坂田家でしばしば作られる「遠州焼き」も、そんな浜松らしい食文化から生まれたものと言えそうです。

「遠州焼きと呼ばれ出したのは最近のことで、地元では『お好み焼き』と言う人がほとんどです。小麦粉を使いますから戦後に生まれたものでしょう。昔はおやつや軽食代わりに駄菓子屋でいただいたものでした。持ち帰りを頼むと、焼きたてを三つ折りに畳んで新聞紙に包んで渡してくれました。懐かしいわ」

かつてのように遠州焼きを食べられる駄菓子屋は無くなって久しいですが、その味は子供たちに愛される手軽な軽食として各家庭で受け継がれています。特徴は具材に豚肉などを入れず、紅しょうがとネギ、そして刻んだ沢庵を用いること。大正期から付近の三方原地区で大根を作っていたことが理由のようです。

クレープのように薄く焼き上げたら、紅しょうがの朱色と沢庵の黄色が生地に映えること。そこに地元のソースを塗って青のりと鰯粉をパラリ。歯応えと程よい軽さが相まって何枚でも食べられる美味しさです。

全員が集まると20人近くにもなる大家族の坂田家には、スズさんが手早く焼き上げる遠州焼きが欠かせないと言います。7人のお孫さんたちもすっかり気に入っているという浜松の味。これからも変わらずに受け継がれていきそうです。

かつての木綿織屋は、ご子息の手で端正な住まいに。美しく時を経た、家と人が寄り添っていました。

さかた　すず●昭和12年、静岡県生まれ。浜松市の旧市街地で製本業を営む家に育つ。紡績産業が華やかなりし時代を、遠州広幅木綿織元の女将として過ごす。趣味は古布を用いた布草履の製作など多彩。自転車でスポーツジムへと通う溌溂とした80歳。

遠州焼き

材料

小麦粉またはお好み焼き粉…1カップ

水…140cc

卵…1個

ねぎ・沢庵・紅ショウガ・天かす…それぞれ適量

トッピング

ウスターソース、青のり、鰯粉、桜エビ

…それぞれ適宜

作り方

1

小麦粉、水、卵を合わせ混ぜて生地を作る。

生地に刻んだねぎ沢庵と紅しょうが、天かすを好みの量で混ぜる。

2

中火にしたフライパン（ホットプレートでも）に

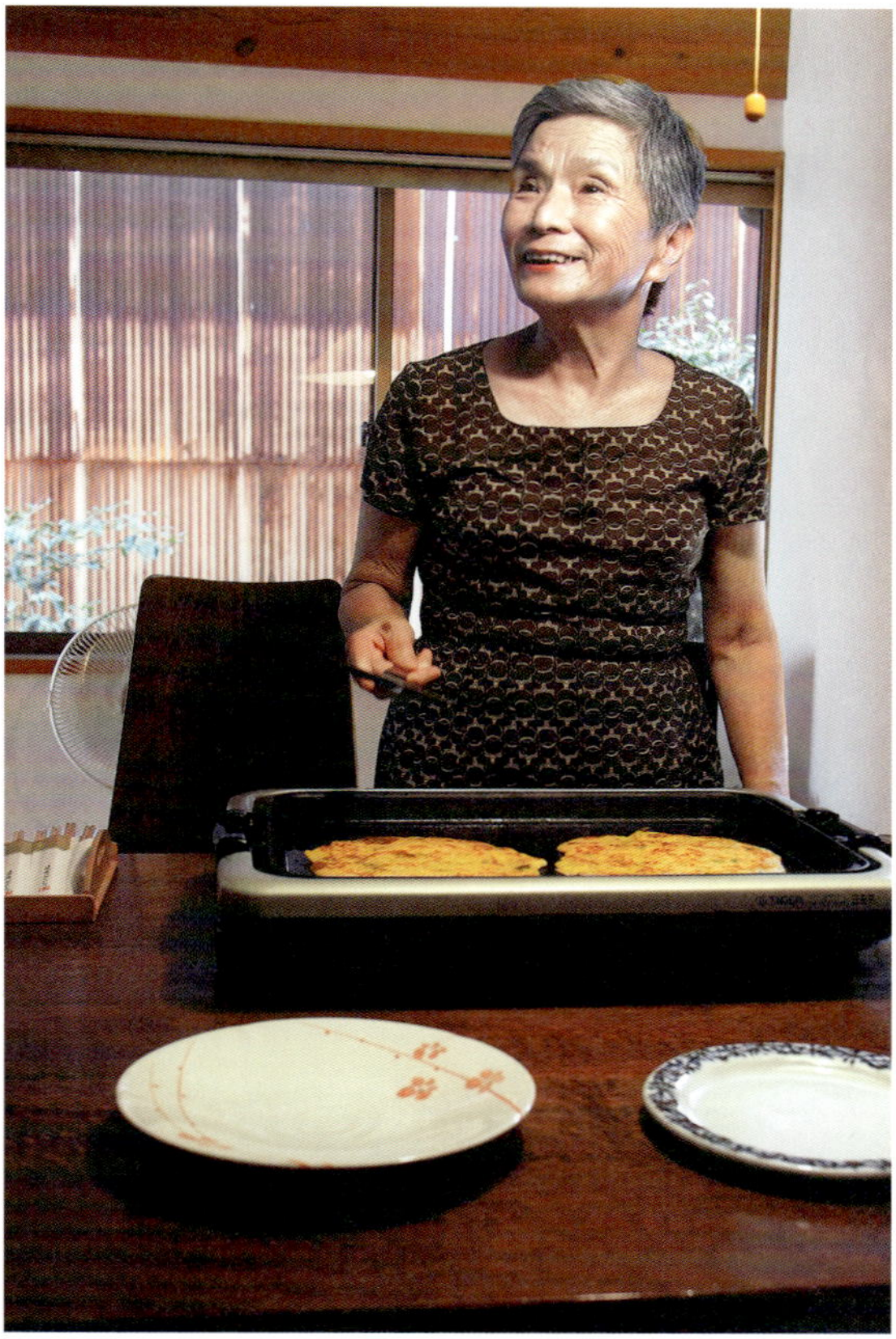

薄く拡げて焼き、気泡が現れたら裏返す。

3

焼き上がったらウスターソースを塗り、青のりやさば・鰯粉（削り節でも良い）、桜エビなどを好みでかけて出来あがり。

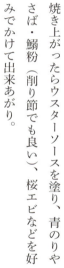

鬼まんじゅう

愛知県名古屋市

鈴木ときさん

「生まれは天白区の野並でね。実家は17代続いた大地主だったのよ。私の気前がいいところは父に似て、器量がいいのは母に似たの」

サツマイモを手際よく刻みながら、鈴木ときさんはいたずらっぽく微笑みます。その包丁さばきは86歳になる方とはちょっと思えないくらい。背後の台所ではコンロに蒸し器が据えられて準備も万端。便利良く整頓された調理器具の様子から、日々を丁寧に過ごす鈴木家の暮らしが垣間見えました。

ときさんの住まいは名古屋市街地に建つ一軒家。現在はビルや商店が並ぶ地域ですが、26歳で嫁いだ頃は田園が点在する長閑な土地でした。当時の鈴木家は表具や鴨居といった建築内装を手がける木工製作所を営み、家業は大いに繁盛したと言います。忙しい仕事の休憩時間や客人への歓待に、常に欠かせなかったのが

お茶菓子だったそう。まだ甘い物の少なかった当時、近隣で採れたサツマイモを使った「鬼まんじゅう」が、地域でお馴染みの甘味の一つでした。

「名古屋の年寄りは『芋ういろう』って言うよ。ゴツゴツしてるから鬼まんじゅうって呼ぶんだってね。実家でも母が作っとったけど、私の鬼まんじゅうは嫁いでから覚えたの。当時は『磯部』という贔屓の餅屋さんが黒川橋の下にあってね、そこの鬼まんじゅうがあんまりおいしいものだから、店のお爺さんに、どうしてこんなにおいしいのって聞いたの。そうしたら親切に教えてくださったのよ」

それ以来、老舗直伝の鬼まんじゅうが鈴木家定番のおやつになったというわけ。伝えられた鬼まんじゅうは半世紀も作り続けられる間に工夫を加えられ、素朴で簡単な「ときさん流」の味になりました。

「お芋は何でもいいよ。鳴門金時でも安納芋でもね。私の工夫は重曹を使わずにホットケーキミックスを入れること。重曹だと色が変わるからね。水を加えないことも大事だよ。あと、お芋を切るときは集中してね。上の空では刃物が怒るよ」

生地は芋の繋ぎになる程度に控えて、スプーンでひとくちサイズになるように蒸し器に並べます。楽しい昔話の続きを伺う室内に蒸気が充ちて、ゆっくりとお芋の香りが漂ってきました。蒸し上がった出来たてをいただいて頬張ると、サツマイモの風味が際だつ懐かしい味わいです。こちらの笑みを見て取ったときさんが、「そりゃあ私の十八番だもの」と笑いました。

柔らかな笑顔と優しい名古屋ことば、ときさんと笑い合う台所のひとときに、街なかの喧噪も和らいでいきます。

すずき　とき●昭和6年、愛知県生まれ。お月見団子やお彼岸団子も得意。3月には木型で「おこしもん」も作る。趣味の木目込み人形づくりは14年間続けている。料理雑誌を読むのも好き。「レシピどおりにはやらないけどね」と笑う。

鬼まんじゅう

材料（約30個分）

サツマイモ…約600g

上白糖…60g（サツマイモの約1割）

小麦粉…200g

ホットケーキミックス…70g

（小麦粉の約3分の1）

塩…少々

作り方

1 皮ごと1cm角に切ったサツマイモを5分ほど水に浸してアクを抜く。

2 サツマイモの水をサッと切って砂糖をまぶす。

3 サツマイモから水分が出てきたら小麦粉とホットケーキミックス、塩を入れて混ぜる（生地はサツ

マイモの繋ぎになる程度に、水っぽくならないように調節する）

4 蒸し器にふきんを敷いてスプーンで生地を好みの大きさに並べる。

5 火に掛けて約10分。お芋の香りが漂ってきたら出来上がり。

※栗を砂糖水で煮詰めてから砕いたものを加えてもおいしい。

じゃがいものあぶらえ団子

岐阜県高山市山田町

大原加代子さん

大原加代子さん（73歳）は、岐阜県高山市、歴史ある白川郷集落郡や飛騨の豊かな自然と日本の原風景が多く残る町で暮らしています。

「小さい頃は、父の仕事の都合で岐阜県神岡で高校までを過ごしました。そこは自然の恵みがいっぱいで、胡桃を割って実をほじって食べたり、グミの実やイチイの実を食べたり。イタドリってわかる？　茎の部分をパキンと折って皮をむいて食べると、すっぱくて甘みがあって美味しいんだよね。でも、やっぱり一番の楽しみは母の手作りおやつ。干し芋や花餅、里芋の団子やさつまいものふかし。小さく切ったさつまいも入りの蒸しまんじゅう、じゃがいものあぶらえ団子は大好物でした。さつまいもがなんとも言えないほど甘かったのを子供心に覚えています。荏胡麻は、地域のお祭りの時にだけ伝統料理で食べることができるもので、

その時はハレの日の食事という感じで大喜びして食べました。」
大原さんは高校を卒業し東京で就職。その後、福祉施設指導員の資格を取り、高山へ戻って障がい者支援施設で働くことに。「そこで暮らす子ども達と生活を共にしながら、自分を全部出し切って生きる姿に感動しました。そんな姿を見て私自身が気づかされることが多いそんな日々でした。その当時、外食・ファーストフード・インスタント食品が増えはじめ、食生活に大きな変化があった時期でした。そんなことも相まって、「食」やその周辺の事柄を学んでいくと、子ども達の心と体を育む「食」に関りたいと思うようになりました。そんな思いを形にしたのが「茗荷舎」というマクロビオティックをベースにしたお店でした。今思えば、小さい頃見てきた父の料理人としての姿や生活を彩った母の手料理、その原体験があったからこそ、こうして食に携わり、不慣れながらもチャレンジし続けてこれたんだなと、今しみじみ感じます。

食事をすること＝食卓というものは、人を優しくしたり、人を元気にしたり、皆を幸せにできますよね。そこではどんな人も平等で、食事を共にすればそれは運命共同体みたいなものでしょ。私自身、「食」を通じて本当にかけがえのない時間を過ごし、身をもってそれを感じてきました。今、お店はもうないけれど、どんな人でも訪れることができて共に食卓を作り上げていく、そんな「食の場」が広がっていって欲しいなぁ、と思っています。」

飛騨の山々が遠くにそびえ、拓かれた大地に広がる田園風景。

おおはら　かよこ●昭和9年2月28日生まれの73歳、生まれは東京都日本橋、三人兄弟の長女として生まれる。戦争の影響で富山・岐阜と引越し東京で就職。後に岐阜へ戻り高山で再就職後、「茗荷舎」というマクロビオティック料理のお店を高山駅前で始める。現在は、マクロビオティックについてさらに学びを深めながら料理教室などを開いている。

じゃがいものあぶらえ団子

じゃがいものあぶらえ団子

材料（5串分）

あぶらえ…70g
塩…小さじ1
黒糖…大さじ4　※今回はマスコバド糖を使用
酒…大さじ2
ぬるま湯　…少々
じゃが芋…中4つ
竹串…7、8本

作り方

1
こげがないようやや弱火であぶらえをフライパンで軽く炒ります。
※すりやすくするため

2
炒ったあぶらえを熱いうちにすり鉢でする。強めにすって油が出てしっとりしてきたら黒糖、塩、

さつま芋と小豆入り蒸しまんじゅう（7個）

材料
さつま芋…120g
薄力粉…1カップ
米粉…1／4カップ
塩…ひとつまみ
ベーキングパウダー…大さじ1.5強
甘酒…大さじ1.5強
南国糖…大さじ1
小豆…50cc
※今回は塩茹で後軽く黒糖で煮たものを使用

作り方
1．さつま芋を1cm弱のダイスに切り分ける
2．薄力粉と米粉を混ぜ、塩をひとつまみ入れる。
3．さらにベーキングパウダーと甘酒を混ぜ、南国糖を加える。
4．そこにぬるま湯を入れながら全体を混ぜ、さつま芋の角切りと小豆を入れる。
5．7個に分けて、まんじゅうの形に整えて蒸し器に一つずつ入れ、20～25分蒸す。

酒の順に加えなじませます。

3
ぬるま湯を少しずつ加減しながら加え、とろりとしてきたら出来上がり。

4
じゃがいもは皮がついたまま茹でる。※皮つきの方が茹で崩れせず歯ごたえもでる

5
じゃがいもは熱いうちに皮をむき、すりこぎでつぶし3cmくらいの団子に丸める。

6
3個づつ串にさし、陶板の上で少し焦げ目がつくまで焼く。
※陶板がない場合は、金網にアルミホイル敷いて代用できます。

7
あぶらえのタレをヘラなどで塗ってさらに焼く。ところどころ焦げ始めるくらいに焼くと香ばしく美味しい出来上がりに。

くるみ饅頭

三重県多気郡明和町

森 孝子さん

「ええ、おやつでしたよね。どれにしようか迷いましたよ」

森孝子さんはお気に入りのレシピを指折り数えて、どうにか一つを選んでくれました。転勤職のご主人と共に、国内外をその住まいとしてこられた孝子さんは、各地で身につけた味を大切に作り続けてみえるかたです。

まずはお茶請けにと差し出されたのは、森家で「フランス風おかき」と呼ばれている香ばしい焼き菓子。この味にはアメリカで嫁がれた娘さんが、来日のたびに買ってこられる皮付きのスライスアーモンドが欠かせないのだとか。

「でも、いまから作るのは別のお菓子。東北の友人から教わった『ふもち』も悩んだんだけど、やっぱり長く作っている『くるみ饅頭』が良いと思って」

それは30歳の時に覚えて以来、変わらず作り続けているおやつだと言います。

海外勤務時にはパーティーに招かれるたびに手作りして、好評を博したという思い出深い一品なのだとか。

「これは昨日作っておいたものですけど、どうぞ」

お饅頭という言葉の響きとは裏腹に、くるみが載せられた見た目は実に洋風。サックリと焼かれた生地の中に、ほどよい甘さの白あんがくるまれていました。

じゃあ作りますよと言うと、砂糖と卵をクリーム状にかき混ぜて、薄力粉を銀色に光る粉振り器へ。これはアメリカで手に入れて以来の愛用品。木製ハンドルを回すと小麦粉とベーキングパウダーが雪のように積もっていきます。

「まだ子どもが小さかった頃に、全国友の会の集まりで教えて貰ったお菓子です。簡単で美味しいものだから、すぐに我が家の味になりました」

さすがは半世紀も作り続けた森家の定番です。会話を交えながらも、孝子さんの段取りには少しの迷いもないのでした。

「出身ですか？ 静岡県の清水の生まれです。60歳の時に主人の故郷であるこの場所に落ち着きましたが、どこか故郷に似ていて居心地がいいですね」

孝子さんが焼き上がりを待つオーブンの向こうには、穏やかな田園風景を望む窓がありました。伊勢神宮の巫女として天皇から使わされ、祭祀を執り行った斎宮が暮らした明和町。上代の歴史が漂う穏やかなこの土地は、各地を巡り訪ねた孝子さんの終の棲家に相応しい場所に思えました。

孝子さんのおやつが焼き上がる匂いにつられて、愛猫のチャイがどれどれと様子見にやってきました。

もり　たかこ●昭和13年、静岡県生まれ。30代の時に参加した全国友の会の活動を通して、お菓子作りの楽しさに目覚める。現在も友の会の催しに参加して、若いお母さんにお菓子の作り方などを伝えている。夫婦水入らずで愛猫たちとの暮らしを満喫している。79歳。

くるみ饅頭

材料（20個分）

餡…400g
上白糖…100g
卵…1個
水…大さじ1杯
薄力粉…200g
ベーキングパウダー…小さじ1杯
バター…50g
くるみ…約13粒
卵黄…少々
みりん…少々

作り方

1
餡を炊いておく。時間が無いときは既製品の餡に5％の水を加えて練り直す。

2　砂糖と卵、大さじ1杯の水を、泡立て器で良く練ってクリーム状にする。

3　粉とベーキングパウダーを一緒に2〜3回ふるって空気を含ませてから、バターを細かく揉み込み、2の中に入れて軽く混ぜ合わせる。

4　3時間寝かせてから棒状にして、20個に切って大きさを揃えながら丸める。餡も同じ数だけ丸めておく。

5　皮を薄くのばして餡を包み、形を整える。

6　卵黄とみりんを合わせたものを上に塗り、適当な大きさに切ったくるみを置く。

7　200度程度のオーブンで15分ほど焼いてでき上がり。

すり焼き

奈良県奈良市

一阪テル子さん
&こやぎ

奈良市東部にある大柳生（おおやぎゅう）。東大寺や春日大社のある中心街から車で約30分、静かで穏やかな山あいの町です。一阪テル子さんは、大保（おおぼ）という地区で生まれ育ち、ここ阪原町に嫁ぎました。それから約60年。

「嫁に来てからはあまり作らなかったように思うけど、娘は食べたことを覚えているというから、何回かは作ったのでしょうね。忘れましたが」

そう話しながら作ってくださったのは「すり焼き」。地域によっては同じ材料、手順のものが「しきしき」などと呼ばれることもある奈良県の郷土料理の一つです。

「私が子どものころに、私のおばあちゃんが作ってくれていた〝ほせき〟です。〝ほせき〟というのは、今でいうおやつのこと。おやつより、もう少し腹持ちす

るものは〝けんずい〟と呼びます」

「すり焼き」は作り置きされていて、学校から帰ってくると虫おさえにそれを食べてから遊びに行ったり、飼っていたウサギに餌をやったりするのが小学生のテル子さんの毎日でした。

「今と違い近所に何かを売っている店がないし買うこともないので、どこの家も同じものを食べていましたね。干し芋、干し柿、キリコ。キリコは餅を小さく切ったような小粒のおかきです。柿のずくし（完熟した柿の実）にはったい粉をかけて食べたり。あれ嫌いで（笑） あとは酒粕を焼いて砂糖をつけたもの」

当時のテル子さんが食べていたのは、ほぼ塩気だけの「すり焼き」だったそうですが、お子さんのために作る側となってからは、卵とたっぷりの砂糖を入れるように。そうか、テル子さんの子ども時代は戦中戦後で卵は貴重品だったのですねと伺ってみたところ、「いいえ。ニワトリを飼っていたから卵はありました。でも当時は、学校に持っていくお弁当は麦飯に梅干しの日の丸弁当と決まっていて、もし卵焼きや白ごはんを先生に見つかると贅沢だと叱られた。実際は米も野菜も売るほどあって、都会から闇で買いに来ておられたけれどもねえ」

この日は、塩気だけの「すり焼き」と卵と砂糖入りの「すり焼き」、両方を焼いていただきました。前者のむちっとした素朴さと、後者のふわっとした甘さを、交互に手に取り食べ比べるも、どちらに軍配を上げるか悩ましい。そこでテル子さんのお好みを尋ねると、見事に即答。「卵と砂糖を入れるのが好き。おやつは甘いほうがおいしいわ」。

年季の入ったおくどさんに薪をくべながら、「時間大丈夫？　お昼ごはん食べて行って」。薪の燃える匂い、ごはんの炊ける匂い。どんどんお腹が空いてきた。

いちさか　てるこ●昭和12年、奈良県生まれ。現役のおくどさんのある家に暮らす。この竈を使って郷土料理を学ぶ体験学習会を娘の伊津子さんとともに開催、奈良の食や暮らしの歴史や技術を伝える。奈良県の1年を締めくくる「春日若宮おん祭」では、大宿所で精進潔斎をする大和侍の食事の仕度を20年間担当。「年寄りなので切りのいいところで引退させてもらいました」と話すものの、今も台所仕事、畑仕事をする手が休むことのない働き者。最近、こやぎが新しく家族に加わった。

すり焼き

材料

小麦粉…100g〜150g

水…100cc

塩…小さじ1

油…適宜

（お好みで）

卵…1個

上白糖…大さじ3

作り方

1 ボウルに小麦粉、水、塩を入れて混ぜる。生地の固さは、菜箸で軽く混ざるくらいを目安に。この際、お好みで、卵、砂糖を加えても良い。

2 温めたフライパンに油を薄く引いて、**1**を流し込む。大きさは手のひら大くらいの円形、厚みは1

cm弱程度、火加減は中火くらいで。

3 **2**に蓋をして蒸し焼きにする。

4 **3**の周囲が固まってきたら、ひっくり返して、再び蒸し焼きに。両面に軽く焦げ目がついたら完成。

豆板菓子

和歌山県田辺市

坂本フジヱさん

93歳のいまなお、助産師として赤ちゃんを取り上げている、坂本フジヱさん。和歌山県の山間にある清川村に生まれ、自然に囲まれた少女時代を送りました。

「私らが子どものころは、どこの家庭でも家のぐるりに1本ずつ果物の木が植わっていて、みかん、びわ、柿、いちじくなど、季節季節になる実が、おやつだったんです。麦わらで編んだ籠を持って、野山に生えている野イチゴやヤマモモを取りに行くこともありました。当時は、おやつのことを『おちん』って言いましたね。果物以外のおちんといえば、石うすで大麦を挽いた、はったいこ。これは常時作っていました。テルテル坊主のように紙にギュッと包んだのを大事に持ち歩いて、さて食べましょうと思ったら、紙の底が抜けて、何もなくなっていたり(笑)。年に一度、お祭りのときだけは、母がちまきを作ってくれるのが楽しみで

した」

結婚して二人の男の子をもうけたフジヱさんは、農家の主婦、助産師という忙しい毎日に。「ちまきなんて手の込んだもの、私は作ってあげたことないな（笑）。学校から帰ってきた子におなかが空いたと言われたときは、せいぜい、おいもを蒸かしたり、おにぎりをするくらい。おにぎりは、海苔なんて高級なものは巻かず、ただの俵の塩おにぎりです。山のように積んでおいても、みるみるうちに食べきってしまって。あとは、チキンラーメン。30個入りの箱でまとめ買いしても、息子たちがどんどん食べるから、ほんの数日でなくなった気がします。いま思うと、よっぽどほかに食べるものがなかったんやなぁ」

そんなフジヱさんが、忙しい毎日の中でも、ちょっとした時間が空くと作っていたのが、飴状に炊いた砂糖で、炒り大豆を固めた「豆板」です。

「缶に入れておくと、だんだんやわらかくなるんですが、1週間かそこらは保つんです。いまのスナック菓子のように、山ほど食べるものではなく、ひとり、ふたつかみっつずつくらいずつ食べていたかな。いまのお母さんのように、おやつを重大に考えて、手の込んだものを作ることはなかったけど、唯一これだけは作っていました。作り方は覚えてますから、すぐできますよ。作るのは、50年ぶりやな」

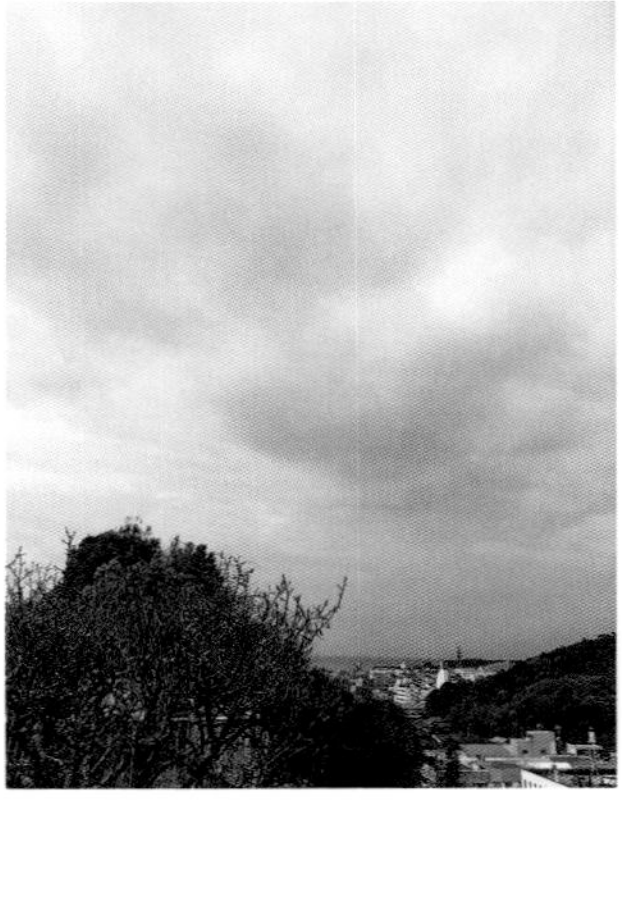

フジヱさんの助産所があるのは、海を見下ろす小高い丘の上。
海の幸、山の幸が豊かな、温暖な土地です。名産である梅は、町のあちこちに。

さかもと　ふじゑ●大正13年、和歌山県生まれ。経験豊かな開業助産師として、地元の妊婦さんや若いお母さんに絶大な信頼を集めている。著書に『大丈夫やで』『ばあちゃん助産師《せんせい》　こころの子育て』など。「亡くなった主人との間に、県内に住む長男、兵庫県に住む次男がいます。普段は助産所を兼ねた自宅で、他の助産師さんや入院患者さんなどと共同暮らしですが、年に数回、6人の孫や、3人のひ孫たちに会うのが楽しみです」

豆板菓子

材料

大豆…50g
上白糖…50g
水…小さじ2

作り方

1
温めたフライパンに、大豆を入れ、へらで転がしながら炒る。火加減は、弱めの中火。焦がさないように気を付けて。

2
大豆の表面に焼き色が付き、皮がはじけてくるまで、丹念に炒る。皮がはじけて、芳ばしい香りがしてきたら火を止め、余熱でじっくり炒めて中まで火を通す。

※古い豆なら10分くらい加熱する。新豆は、水分

ひと粒で2度おいしい「かみなり（炒り大豆の甘辛煮）」

炒り大豆が残ったら、
甘辛くして食べる方法も。
砂糖としょうゆを
3対1くらいに
合わせたところに、
炒った大豆を加えます。
炒りたての大豆を入れると
「ジャーッ」と鳴るので、
「かみなり」って呼んでました。
炊いた砂糖が余っていたら、
そこにおしょうゆを
入れてもできますよ。

量が多いので、もっと時間がかかる。

3 厚手の小鍋に砂糖を入れて、水を加えて火にかける。写真では、水を入れすぎてしまったので、もっと少ない分量で。

4 スプーンで絶え間なく混ぜながら、とろっと透明になるまで火を通す。鍋を傾けながら、焦げないように注意して。

5 隣とくっつかないように気を付けながら、バットに丸く注ぐ。

6 炒った大豆を数粒ずつ乗せる。

7 このまましばらく涼しくて平らな場所に置いて、砂糖が固まれば完成。

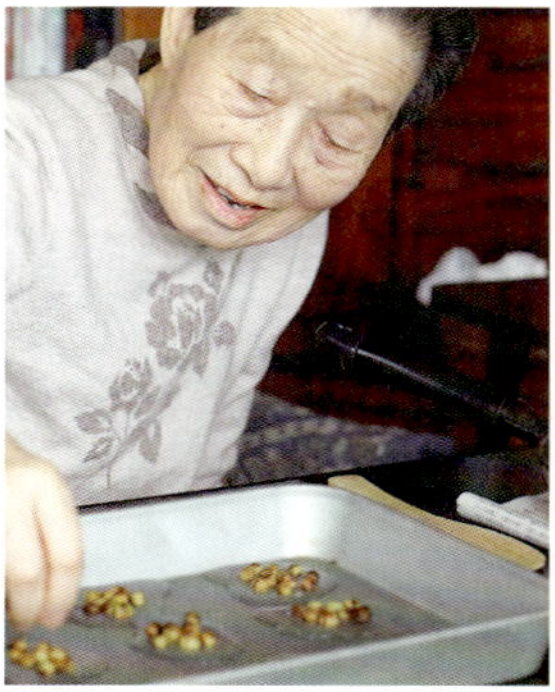

鳴門オレンジ漬

兵庫県洲本市千草庚

金丸先子さん

瀬戸内海に浮かぶ、淡路島。国生みの島として古事記に謳われ、美しい自然や歴史・文化がその背景を物語る。

金丸先子さん（74歳）が生まれ育ったのは、淡路島の中ほどにある洲本市です。米や玉葱などの野菜を生産する、農家の末っ子に生まれました。戦後間もなく父親を亡くし、一人で家業を継いだ母親を、兄姉と共に手伝う日々に。「小学生の頃から、田んぼ仕事を手伝い、中学生になると、洲本の青果市場へ、旬の野菜を出荷するのが日課だった」と語る先子さん。「朝起きると、籠一杯の野菜が自転車に括りつけられててね。登校前に山を一つ越えなあかんかった。じっと、お嬢さんでおらしてくれへんかったんよ。猫の手も借りたいような大変な時代やったからね」。そう十代を振り返ります。そんな暮らしの中で、大好きだったおやつが、

柿とトマトです。「渋柿の焼酎漬みたいなんを、よう母が作ってくれてね。こんな大きな袋一杯に。それが美味しいてね。あと、夏のトマトも大好きやってね。天然のトマト独特の匂いわかる？樹の匂いと言うんかなあ。そんなおやつで大きなった」。

高校卒業後は、就職を機に大阪へ出ますが、昭和47年に洲本市へ戻ります。以後30年、保育所や小学校で市の給食調理員として働きました。「仕事してた頃は、子供達にそないにおやつを作ってあげる間がなかった」と話す先子さんが、退職後に作り始めたのが鳴門オレンジ漬です。淡路島の名産品・鳴門オレンジの果皮を、砂糖でくるみ込んだこのおやつは、程よい苦味と芳醇な香りが特徴です。「この辺りの方言で、ぐっしょりぬれる様子を〝しょうたれ〟言うんやけど、鳴門オレンジは、手がぐっしょりぬれるほど果汁が多くて〝しょうたれみかん〟と呼んどった。香り良く、果汁も爽やかで美味しいんやけど、扱い難くて希少なものやから、子供の頃はよう食べへんかった。果皮は、炊いても炊いてもアクがある厄介者(笑)」と苦笑いする先子さんですが、素材に真摯に向き合い、手間をかけることで苦味は和らぎ、優しい味に仕上がります。「希少やからこそ、作ってみようかという想いがわいた」と話す先子さんは、こうつけ加えます。「良い経験やから、まあ何事も。人生、これ嫌やあれ嫌やゆうて、後ろに手を回しとったんではね。自分のものに、何もなっていかないからね」。鳴門オレンジに目をやりながら、先子さんは清々しい笑顔を見せます。

郊外の高台にある家は、ひがな一日、大きな空に包まれ、
淡路富士の愛称で知られる千山が、玄関先から優美な姿を見せる。

かなまる　さきこ●昭和17年、兵庫県洲本市金屋生まれ。3人兄妹の末っ子に生まれ、2人の子供を育てる。趣味は料理、裁縫や手芸など、手仕事が好き。給食調理員の経験を活かし、地域の食育活動等にも力を注いでいる。近くで暮らす子ども達や孫と共に、神戸へ買い物に行ったり、四国へ温泉巡りに行ったりするのが、最近の楽しみの一つ。

鳴門オレンジ漬

材料

鳴門オレンジの果皮…3個(24本分)

上白糖…150g

水…70cc

水飴…大さじ1

作り方

1 鳴門オレンジの表皮を、ピーラーで薄く削る。果実を2等分し、果肉を取り出す。

2 縦に8等分(1個)にした果皮3個分を鍋に移す。果皮がたっぷりかぶるくらい水(分量外)を入れ、強火にかける。沸騰したら、鍋蓋をしたまま中火で1時間茹でる。

※鳴門オレンジの大きさにより、等分するサイズ

鳴門オレンジジャム

材料
鳴門オレンジの果汁…150cc
鳴門オレンジの房…1個分
砂糖…80g
水飴…大さじ2～3

作り方
余った果肉から、ジャムをつくります。鍋に材料全てを合わせ、弱火にかけます。房も刻んで入れ、一緒に煮ます。時々鍋を混ぜながら、好みのとろみ加減で火からおろします。2時間程で完成。「果汁に、すり下ろした淡路の玉葱、醤油、酢、砂糖をそれぞれお好みで合わせてドレッシングにするのも、定番のアレンジメニュー」と先子さん。

は調整する。

3
茹で上がった果皮を、丸2日がかりで水(分量外)にさらす。1日目は3回(4～5時間おきに)水を入れ替え、一晩つけ置く。2日目も2～3回水を入れ替え、苦味を抜いてゆく。味をみて、少しほろ苦いくらいでザルに上げ、水気をよくきる。

4
鍋に砂糖、水、水飴を合わせて加熱し●沸騰したら鍋蓋を外す。そこに果皮を入れ、2～3分煮て火を止める。鍋が冷めたら果皮をザルに上げ、粗熱が取れるまで冷ます。再び鍋を沸騰させ●以下の作業を計3回繰り返し、果皮に甘みを吸わせてゆく。

5
粗熱が取れた果皮の水気をよくきり、砂糖(分量外)でくるむ。ザルに並べ、屋外で1～3日陰干しにする。果皮が少し湿るくらいになったら、容器に入れ、冷蔵庫で一晩寝かせて完成。
※梅雨の時期は、カビに気をつける。

郷土のおやつ
中部・近畿編

岐阜

飛騨地方、美濃地方ともに名物はあるのですが、それぞれ、ゴマ、くるみ、トチの実などの種子類、木の実類を使うお菓子が多いのが山に囲まれたこの県ならでは。

中でも恵那地方では恵那栗と呼ばれる良質な栗がとれることから、栗金飩が名物となりました。これはおせち料理に用いられる栗金団（くりきんとん）とは別の和菓子で、栗に砂糖を加えて炊き上げてつくるもの。京都ではこのようなものを栗茶巾といいますが、この地域では栗金飩という名で通っています。

愛知

愛知県は城下町ならでは和菓子が発達した地域。数々の名物がありますが、中でも「ういろう」が有名です。

ういろうは、実は全国各地で作られているのですが、愛知県での販売数が日本一。「名古屋=ういろう」のイメージが定着したのは、昭和39年の新幹線開業の際い社内ワゴンで「名古屋名物うぃろう」と銘打って売り出されたことがきっかけだとか。

城下町、寺町が育んだ多彩な和菓子

城下町や寺町が多い中部・近畿圏は、献上物やお供え物としての和菓子が大いに発達した地域です。

城下町という点以外でも、中部地方は当時の文化の中心地である江戸ー京都間を通る東海道が整備され、多くの人が行き交うなかで、お菓子（お土産）文化を発達させていったという側面があります。

近畿地方は、京都を中心に文化の花形地域です。もちろんお菓子文化も例外ではありません。茶の湯文化とともに完成された

京都

京都には、有名社寺が多い土地柄、伝統の祭礼や儀式のための供饌菓子が多く作られました。また、茶の湯の芸術により茶菓子も発達し、より洗練されていきました。

一方、庶民的な和菓子というとあぶり餅やみたらしだんごでしょうか。あぶり餅は、今宮神社前の名物餅。つきたての餅を指頭大にちぎり、先を二つに開いた竹串に刺して炭火で焼き、たれをつけて食べるもの。たれは白みそと白砂糖、黒砂糖をゆるくといたものがあります。みたらしだんごは、賀茂御祖(かもみおや)神社の祭礼などに氏子の家庭でつくられたもので、本来は神饌菓子。指頭大の串に刺した団子に葛餡をかけたものです。

米粉をこねて蒸し、砂糖、蜂蜜、肉桂(にっけい)粉、けし粒を加えて練り、薄型にして焼いた八ツ橋も有名ですね。

和歌山

日本有数の霊山、高野山がある和歌山は、京都同様に供饌菓子が多く作られました。また、城下町では、多くの献上菓子が発達しました。城下町田辺市の「三万五千石(さんまんごせんごく)」もその一つ。北海道産大納言を使用したこし餡を求肥で包み極薄の最中種ではさんだもの。

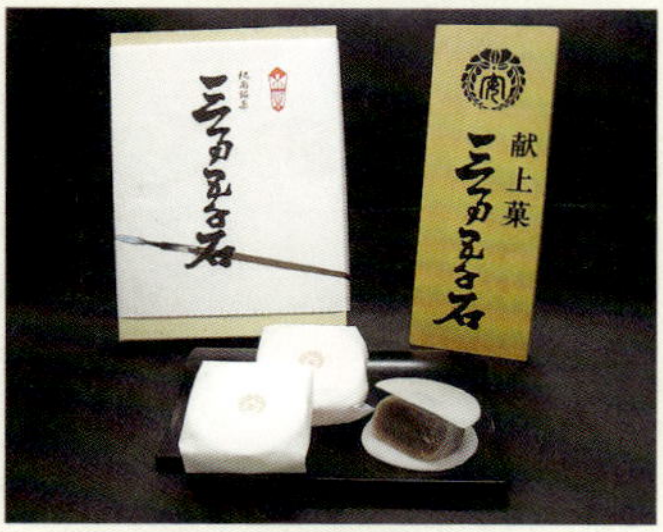

和菓子は京都が発祥と言われています。ただ、京都にある老舗の初代が、意外と滋賀や三重、兵庫、奈良といったところの出身者が多いということは興味深いですね。近畿地方の文化水準の高さが伺えます。

すべてを網羅したいところですが、ここではいくつかの県の郷土菓子に絞ってご紹介します。

かま焼き

鳥取県八頭郡智頭町

国政勝子さん

那岐山の稜線を雨雲が下りてきて、里山の集落は小雨に美しく煙っています。眼下の因美線を2両編成の列車が駆け抜けて行きました。絵のような風景を一望する丘の上に、国政勝子さんの住まいはあります。

「雨がやみそうでやみませんね。まあどうぞ中へ、お茶でも煎れましょう」。迎えてくださった勝子さんは早くも割烹着姿です。母屋隣に建つ工房を覗くと、すっかり準備が調えられた厨房がありました。

「生まれはここから少し下った奥本のあたりです。実家は材木屋ですよ。智頭町は面積の9割以上を山林が占める土地ですけえな。父は山の土を見て木を買い入れる目利きの林業家でした。あの頃は伐り出した材木を筏に組んで川に浮かせて、下流へと流して運んどりましたよ」

農業を営む国政家に嫁いだことで、いつしか勝子さんの目は郷土の食文化へと注がれるようになりました。以来、有志で地域調査やレシピ集の編纂などを重ねて、地元の味の再発見と周知に尽力してこられたのです。勝子さんが町の施設内で運営していた食堂「杉の里」も、現在は母屋隣に看板を移して料理工房として継続しています。長い活動で蓄えられた勝子さんの知恵袋を頼って、鳥取県内の学校での講演や町おこしの催事から引っ張りだこの毎日です。

豊富なレシピの一つである「かま焼き」は、八頭郡一帯で古くから親しまれてきた季節のお菓子。毎年6月15日に農作業を一斉に休んで家々でこれを作り、神様にお供えするのが地域の伝統です。

「この時期になると、ミョウガの葉を山から摘んでくるのが子どもの仕事でね。今年も『かま焼き』が食べられるんだって嬉しかったもんです」

湯で混ぜ合わせた粉を耳た

ぶ程度の堅さに練り、餡を包みこんで蒸し器へ。もっちりと蒸し上がった餅を山で摘み取っておいたミョウガの葉でくるむと、鉄製のフライパンで軽く焦げ目を付ける程度に焼き上げます。さながら智頭町流の「おやき」と言ったところ。ミョウガの香ばしい匂いに食欲が誘われます。

「田舎のおやつだからね。3つも食べればおなか一杯だよ」

近年は都会から評判のカフェが移転するなど、活性化が著しい智頭町。もてなしの心が息づく「かま焼き」を味わって、その理由が分かったような気がしたのです。

別れ際に握った勝子さんの小さな手は、木の国の食文化を宿したふかふかの手でした。

くにまさ　かつこ●昭和12年、鳥取県生まれ。八頭郡地区の生活向上を目的に、40年前に発足した八頭生活改善実行グループ連絡協議会に所属し、郷土の食文化の伝承や料理教室の実施、レシピ集『八頭のあじ』の編集などに取り組んでいる。80歳。

かま焼き

材料（20個分）

餡…400g
上新粉…150g〜250g
白玉粉…150g〜250g
お湯…約4カップ
ミョウガの葉…20枚

作り方

1
餡を個数分に分けて丸めておく。

2
上新粉と白玉粉を混ぜ、お湯を加えて耳たぶ程度の固さになるまで調節しながら練る。

3 個数分に切り分けて薄くのばした生地で餡を包み、10分ほど蒸す。

4 蒸し上がったお餅にミョウガの葉を巻き、フライパンで軽く焦げ目が付くように焼く。好みによって葉ごと食べても良い。

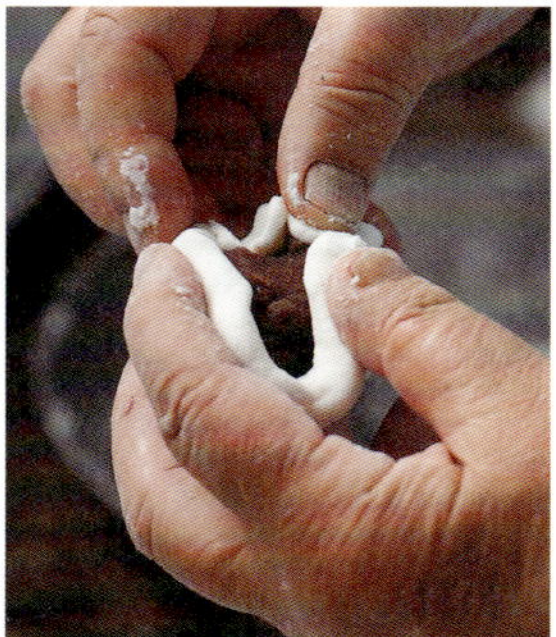

カステラ

島根県鹿足郡津和野町
鷲原大蔭

三宅千代子さん

「山陰の小京都」津和野町。切立った山裾に点在する家々。その見晴らしのよい場所で、三宅千代子さん（80）は農業をしながらご家族と暮らしています。

「生まれ育った場所は、今よりもっと山の方です。学校まで片道1時間くらいを草履で通いました。学校から帰ると、祖母の作ったおやつが用意してあって、それがとても楽しみだったんです。おやつを食べたら、必ず子どもたちは仕事（手伝い）を与えられたんです。鶏に餌をやれとか風呂を焚けとか。今思えば、おばあちゃんの作戦だったのかもしれませんね。あまがい（米麹ともち米で作るノンアルコールの甘味飲料）や、飴壷からお箸で巻いて渡してくれる麦飴や芋飴、蒸かし芋とか色々あったんですけど、カステラが一番思い出に残ってるんです。だって、ほら、カステラは上等な感じがしたしお腹の足しにもなるでしょ。とって

も甘くて美味しかったんです。家で飼っていたミツバチから取れた蜂蜜をたっぷり使っていたんじゃないですかね。カステラは作るのに時間がかかるので、朝、縁側の下からニワトリの卵を取ってきて準備を始めるんです。生前、父が使っていた二食弁当（昼と夜二食入るように普通のお弁当より深さが倍くらいあるアルミの弁当箱）に生地を流しいれ、掘りごたつの中に入れ灰で包み、炭火で火加減をとろ火に調整して半日ほったらかし。そうすると、中が膨らんできて弁当の蓋が浮いてくるんです。祖母がどんな焼き具合か見よってから、中からいい匂いがするんです。それで、できるのを待っとって。今考えると、自給自足で全てまかなった材料で作る、贅沢なおやつだったんだなと思いますね。

「結婚してからは、働くのが忙しくて、おやつも買うようになりました。パンとかそんなんだったかな。だから、そういうおやつを作ってあげたことはないかな。この歳になって、あの当時食べたおやつを思い出して作ってみたりするようになりました」。そんな千代子さんにお守りされ、畑で遊び、祖母の味で育てられた孫娘の智子さん。千代子さんに憧れ、昨年から本格的に農業に取り組むようになりました。「嬉しいけれど、やりたいことが他にあるならそれをして欲しい」と気遣う千代子さん。

　祖母から孫へ、想いと技が受け継がれていく。

山々に囲まれ、家々を縫うように流れる小川。
静けさを纏い自然と共に生きる暮らしの温もりがここにある。

みやけ　ちよこ●昭和12年3月24日生まれ、島根県津和野町の農家の家に生まれ、四人兄弟の二番目、長女。小学校1年生の時に父親が硫黄島にて戦死。その後、母が父親代わり、祖母が母親代わりで育つ。21歳で結婚し、一人息子を育て上げる。現在は、息子さんご家族と三世帯で暮らす。

カステラ

材料

卵…4個
はちみつ…たっぷりお好みの甘さで
（バターもしくは菜種油など）…適量
小麦粉…100g

作り方

1 卵をボウルに入れ、かき混ぜながら泡立てる。

2 はちみつを入れてさらにかき混ぜたら、小麦粉を入れる。
※あまり水っぽくなり過ぎないように硬めにしっかり泡立てる

【撮影場所】

レストラン「糧」

中国地方の銅山王と呼ばれ繁栄した堀氏が築いた国指定名勝「旧堀氏庭園」。それを構成する文化財の一つである「旧畑迫病院」の活用を担い始められた。医食同源をテーマとした地産地消型レストラン。調味料の量り売り、セレクトされた本屋、コミュニティ農園を計画中。地域のスペシャリストを囲んでの勉強会を開き、先人の知恵や技を、食の場を通して伝えていくプロジェクトを進めています。

3 アルミのバットをストーブで十分に温めておき、そこに生地を流し入れる。

4 同じ大きさのバットで蓋をしてそのままストーブの上で20分程度加熱する。
※なるべく弱火で表面が焦げつかないように注意する。

5 竹串でさしてみて、中まで十分に火が通ったようであれば、ストーブから外す。
※15～20cmの高さからバットを水平に落として生地の焼き縮みを防ぐときれいに仕上がる。

6 蓋をしている方のバットにひっくり返して型から外したら出来上がり。
※フライパンで作る際も同じ工程です。弱火にして十分に火を通して焼いて下さい。

ところてん

広島県福山市内海町

鈴木千佐登さん

83歳になる鈴木千佐登さんに会うために、福山市の内海町を訪ねました。内海町は田島、横島のふたつの島からなる、穏やかな瀬戸内海に浮かぶ島です。当然、海からの恵みも豊かで、ところてんの材料となる天草も、そのひとつ。近くの海岸で採れる天草は、春から夏にかけて潮が引いたときに収穫します。その収穫時期の目安は、フグが子どもを生む時期まで。暖かくなるとフグが天草に卵を産み付けるので、それまでに収穫しなければいけないそうです。

「昔はね、その時期になると採った天草をみんなむしろの上に広げて、そこらじゅうに干していたものよ。天草はしっかり干しておくと塩分があるから何年でも持つのよ。そうして取っておいた天草で、夏になるとところてんを作るの。

ほら見て、この天草、赤いでしょ。赤い方が香りがあるのよ。採った天草は真水で洗うんだけど、洗いすぎると真っ白になって潮の香りが抜けてしまうのよね」。

最近のスーパーで売っているところてんは香りが少なくて、買ってまで食べようとは思わないと、千佐登さんは言います。「昔はほら、食べるものが少なかったでしょう。だから島の各家庭では、みんなところてんをつくっていた。それくらいしかおやつと呼べるものがなかったのよ。今は冷蔵庫で冷やしたりするけど、井戸水で冷やして食べてたわねえ。これがとっても冷たくて美味しいの」

千佐登さんの夫の一二（かずじ）さんは、船大工から転身して、フェリーの船長さんを長くしていました。その一二さんが操縦するフェリーに乗って通っていた、常石の食堂でも千佐登さんがつくるところてんは大好評だったと言います。「常石には大きな造船所があるでしょ。山しかないような地方から仕事に来た人には、海で採れる天草からつくったところてんが珍しかったみたい。夏にはおやつとしてつくってたんだけど、あまりに美味しい美味しいって言うから、大きな鍋でたくさんつくってはみんなに食べさせたことを憶えてるわ」と、懐かしそうに思い出していました。

今ではあまり家庭でつくることもなくなってきた、内海のところてん。千佐登さんの家では、近々結婚するというお孫さんが手伝ってつくっていました。こうして内海の味は、しっかりと受け継がれているようです。

千佐登さんから孫へと受け継がれる、島のおやつ。
素朴な味のところてんは、ほんのり汐の香りがしました。

すずき　ちさと●昭和8年7月6日生まれ　編み物の先生をした後、造船所のある常石の食堂で働く。裁縫や編み物が得意で、捨てるような服を再利用するのが好き。柄の良い服を取っておき、チョッキなどをつくっては人にプレゼントして喜ばれていた。

ところてん

材料（約４人分）
天草…50ｇ
水…2.5リットル
酢…大さじ１

酢醤油…しょうゆ１白だし１砂糖１酢３
お好みでからし、すりごま、ねぎを。
すだちを絞って入れても。

作り方

1 乾燥させた天草を木槌で叩き、やわらかくする。

2 深めの鍋に水と天草を入れ、火にかける。一旦沸騰させ、その後は吹きこぼれない程度に30分ほどことこと煮込む。

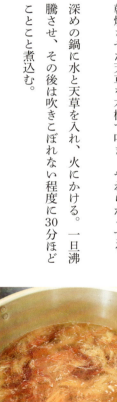

3
煮込んだ後は、こし布でこし、バットに流し込む。この時に気泡ができないように、ゆっくりと丁寧に流し込む。気泡があるようなら楊枝を使って気泡をつぶしておくときれいに仕上がる。流し込んだ後に、酢大さじ1を入れ馴染ませる（酢を入れることで固まりやすくなります）。

4
あら熱をとった後、冷蔵庫に入れ冷やす（2〜4時間程度）。

5
ところてん突きに入るように計って、包丁で切り分ける。

ういろう

徳島県三好市井川町

川人　由子さん

岡山駅で四国方面へ向かう特急「南風」に乗り込み、瀬戸内の島々や巨大なコンビナートを瀬戸大橋から眼下に眺め、金毘羅山で有名な琴平を過ぎると、ディーゼル列車は急な山道を進んでいきます。徐々に右にカーブしながら山を下っていくと、ゆったりと流れる吉野川が現れ、その川を渡ったあたりが、今回ご紹介するおばあちゃん、川人由子さんの暮らす徳島県三好市井川町です。井川町の西隣には、そのたばこの集散地であり、四国有数の宿場町として栄えた池田町、そのさらに南西には「かずら橋」で有名な祖谷があります。

由子さんがつくるういろうは、お母さんがお嫁に来て、姑さんに教わったレシピ。つまり、由子さんのおばあさんの頃からある作り方で、生姜を入れるのがオリジナルです。「いつも3月のお雛祭りになると、お母さんが作ってくれるのよ。

近くに川があって、そこへ巻き寿司や桜餅なんかと一緒にういろうも入れてくれてね。遊山箱って知らない？　3段とか5段になっている引き出し付のお弁当箱みたいなものなんだけど、それを持ってお友達と川原で遊んだものよ」。その時のことを詠んだ短歌もあるそうです。「川原辺に　ひなの祭りの　遊山箱　母のういろう　甘かりしかな」。

徳島（市）のあたりでは、旧暦3月3日の節句の際にういろうを食すことが習慣になっているそうですが、由子さんが生まれ育った三野町のあたりではそういった習慣はあまりなく、作ったら珍しいので配り歩いたのだとか。「私のお母さんは料理をするのが好きだったのよ。お父さんがお客さんをするのが好きだったからねぇ。昔はお店なんてないから、刺身だけ魚屋さんに頼んで、あとは茶碗蒸しから何から全部家で作っていたわ。私はいつもお給仕」。

今でもお団子やういろう、巻きずしなどを作っては、近所の人たちに配り歩くのが好きな由子さん。それは、手づくりの料理で人を喜ばせることが好きだったお母さんから受け継がれてきた気質なのでしょう。

「私のおばあさん、当時女学校が近くになかったので、徳島市内の親戚のうちから三味線などのお稽古に通っていたそうよ。ういろうの作り方は、おばあさんが徳島の方で覚えていたのを、嫁である私の母に教えたんじゃないかな」。

由子さんのういろうは、娘さんにも受け継がれています。「娘は、やり方が違うのよ。材料を鍋に入れて練って、ポタージュスープくらいの柔らかさになった

ら、型に入れて蒸すんですって。孫たちにもよく作ってあげてるんだけど、『生姜の入ったうちのういろうが一番好き』って言ってくれるのよ」。この日は、お孫さんも由子さんの味を受け継ごうと、一緒に手伝いをしていました。

祖母から母、そして娘から孫へ。
それぞれの思い出と共に受け継がれる「母の味」。

かわひと　よしこ●昭和4（1929）年12月19日生まれ。徳島県三野町（現三好市）に生まれる。実家は学校の先生とよろず屋を兼業しており、一男六女の三女。女学校、教育専攻科をへて、37年ほど小学校の教師を勤める。25歳の時に結婚し、井川町に暮らし、一男二女の子どもに恵まれる。趣味は短歌で、NHK短歌や地元新聞などに応募するのが好き。

ういろう

材料

だんご粉…400g
さらしあん…300g
上白糖…700g
塩…少々
生姜（生姜湯の素でもよい）…適量
熱湯…3カップ

作り方

1 だんご粉、さらしあん、砂糖、塩、生姜のすりおろしたものを、大きめの容器でよく混ぜ合わせ、ふるいにかける。

2 熱湯を3カップ加え、むらのないようによくこねる。

3

蒸し器で30～40分ほど蒸す（隙間をあけるようにしておくと、短時間で蒸せる）。

4

蒸しあがったら、厚手のビニール袋（砂糖の袋など）を敷いたトレーに取り出し、押し込むようにして形を整える。

5

冷えてから適当な大きさに切り分ける。

「山芋入り蒸しケーキ」

①だんご粉80g、さらしあん60g、ベーキングパウダー小さじ1をあわせてふるう。

②卵3個を白身と黄身にわけ、白身を泡立て砂糖を入れ、さらに固く泡立てる。

③②に卵黄、ゆであずき90g～110g、①の順番に入れてまぜる。

④最後にすりおろした山芋100gとサラダ油小さじ2分の1を入れ、さっくり混ぜる。

⑤むし器にふきんをしいて、流しいれ、15～20分蒸す。蓋の下にもふきんをかぶせておく。

※より華やかにしたいときは、④の生地を少しとっておいて、抹茶を加え、⑤で流しいれた生地の上に縞模様を描き、蒸す。

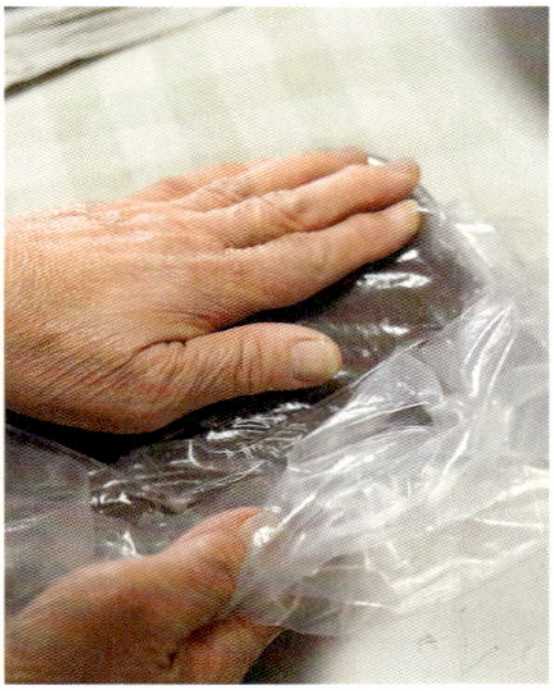

島根県

山陰で有名なのは、島根の「若草」。昔から茶の湯文化が盛んだった松江で、茶人としても名高い松江藩主松平治郷（不昧）によって考案されたものを後に和菓子屋の彩雲堂が復元しました。名は「くもるぞよ　雨降らぬうちに摘みてこむ　栂尾山の春の若草」という不昧公の歌から命名。

岡山県

岡山で知られているのは「むらすゞめ」。米倉が多かったことがその名の由来になった倉敷では、お盆になると豊作を祈願する踊りを踊っていたそうで、その様子が稲穂に群がるすずめみたいだったことからこの名のお菓子が作られたのだとか。岡山といえば「きびだんご」も有名ですね。

広島県

広島は「もみじ饅頭」が有名ですが、これはもみじが美しいことで知られる宮島の紅葉谷の名物として明治時代に作られたもの。小豆のこし餡を、小麦粉、卵、砂糖を練った皮でくるみ、もみじの葉の形に焼き上げています。現在は餡だけにとどまらず、チョコやカスタードのものもあり、かなり豊富なバリエーションがあります。

山陽、山陰で特徴が違う中国地方

同じ中国地方でも、そのルーツをたどると山陽、山陰それぞれの特徴があるようです。

温暖で自然豊かな山陽地方は古来より交通の便がよく、人が行き来する中で生まれたお菓子が多いようです。

山陰地方は歌人などの風流人が多く滞在していたという歴史もあり、お菓子を見ても、そこに住む人がしっかりと土地と向き合って作り出された情緒あるお菓子とそれにまつわる行事が多く見られます。

郷土のおやつ

中国・四国編

高知県

高知ではケンピが有名。1688年創業の西川屋によると、土佐名物の白髪素麺や麸からヒントを得て製造した干菓子で、当時の藩主山内公に献上してから広く地元で愛されるようになったそうです。ケンピは、小麦粉に砂糖と卵を加え、練って焼いたもので、漢字で表すと「堅干」となり、その名の通り非常に堅いお菓子です。

芋ケンピも有名ですが、ケンピとは別物で、こちらは千切りにしたサツマイモを油で揚げ、砂糖をまぶしたもの。全国各地で見られるが、高知県では郷土菓子として広く愛されています。

愛媛県

愛媛の郷土菓子は、南蛮菓子をルーツに持つ「タルト」が有名です。「タルト」は江戸時代初期に伊代松山初代藩主松平定行によって持ち込まれました。定行は長崎で振る舞われたポルトガルの「トルタ(torta)」（カステラでジャムを巻いたロール菓子）という菓子の美味しさに感動し、製法を松山に持ち帰ったそうです。当時日本ではジャムは製造されていなかったので、定行が中身のジャムを餡に変えるように指示して出来上がったものが、現在の「タルト」。

四県四様、それぞれ異なる郷土菓子文化を持つ四国地方

四国地方はそれぞれ違ったお菓子文化があり、愛媛は南蛮文化の影響が濃く、山国である高知は他に影響されない独自の文化を発達させていきました。

その中でも香川と徳島には「和三盆糖」の名産地という共通の文化があります。江戸時代、輸入に頼っていた砂糖が財政を圧迫。なんとか、自製出来ないかと試行錯誤した結果、香川と徳島は砂糖の開発に成功。この砂糖は和三盆糖として日本の和菓子界になくてはならない存在となりました。

といもまんじゅう

福岡県久留米市

一木いくこさん

福岡県久留米市、国道沿いには大型店舗が立ち並ぶ。そこから少し入ったところに、いくこさんの自宅がある。一木いくこさん、84歳。国道が通ってからは家々が立ち並び、量販店が増えましたが、当時は見渡す限り田んぼと畑で一面埋め尽くされていました。ご近所のいたるところに「一木」の表札が。「この辺は一木の姓が多いのよ」先祖代々この地で暮らしてきました。

「実家は代々神主の家系にあり、戦後は敗戦の影響でいろいろと大変でした。生活も質素でした。小さい頃は、さつまいもに助けられましたね。ふかしたさつまいもがおやつで、ほんとによく食べました。」その後、自衛隊員の旦那さまとお見合いで出会い17歳で結婚。二人の子どもをもうけ、専業主婦として日々奮闘してきました。

「うちの子どもたちの頃には、おやつはもう買ってくることが多かったです。でも、たまに手づくりのおやつも作っていました。そのうちの一つが〝といもまんじゅう〟です。厚切りのさつまいもを小麦の生地で包むだけの簡単なおやつ。蒸し器を使っていた時はほんとに大変でした。昔のさつまいもは、甘くておいしかったですね。蒸しあがりのタイミングで、旨み甘みが全然違ったんですよ。ただ、稲刈りが終わった後の田んぼで作ったさつまいもは、美味しくなかったですね。甘さも少なく市場に売りにいってもなかなか売れなかった。他の芋とまぜてもすぐ見つかって、苦労しました（笑）」

その後、旦那さまのお仕事の都合で、一度北海道へ引越し、5、6年経って久留米に戻ってきたいくこさん。「一族の多い土地なので、年末年始なんかはよくこのうちにも人が集まっていました。お姑さん、近所の一木家の女手がそろって料理をふるまいしたね」

「NTTの交換員を若いときにしていたので、結婚して専業主婦になってからも時々臨時で交換員をしました。そうして外に働きに行くことが息抜きでした。私はのんきに暮らしていたから、自分が小さい頃のこととか、子どもたちの小さい頃のこととか、昔のことはあんまり覚えていないです（笑）」

いくこさんの暮らす久留米は、筑後平野の広大な土地、筑後川の悠久の流れに寄り添う温暖な地域。見渡せば、今も昔も変わらない田園風景。

いちき　いくこ●昭和8年11月6日生まれの84歳、福岡県久留米市生まれ。代々神主の家系の家に生まれ、5人兄弟の一番末っ子。高校卒業後、結婚してNTT交換員の仕事をはじめるが、結婚してからは家事に専念。旦那さまが自衛隊員のため、北海道に五年ほど移り住んだ後、久留米に戻って生活をスタートさせる。

といもまんじゅう

材料

さつまいも…8切れ（300g）

小麦粉…120g

水…100cc

パール柑の葉（柑橘類の葉）…8枚

作り方

1 さつまいもを厚切りでスライスする（なるべく厚めに）。

2 小麦粉に水を入れてダマにならないように、生地を練りこむ。

3 さつまいもを厚くなりすぎないように生地で包み、葉で両面を覆い鍋にくっつかないようにする。

4 圧縮鍋に一つずつ隙間を埋めるように入れていく。

5 鍋に火をかけて20分ほど待って、完成。

じり焼き

大分県臼杵市松ヶ岳

丹生チヱ子さん

大分市から臼杵市へと向かう峠道のさらに高台で丹生チヱ子さん（83歳）は、暮らしています。ご自宅の前からは、真ん丸の津久見島が一望でき、天気の良い日は四国まで見通せます。

農家の娘として生まれ、19歳で結婚。4人の子どもを育てあげました。戦後まもなくは、米と小麦を作って販売し、米は生活費の足しに、小麦は売る分とおやつにする分とで分けていました。チヱ子さんが子供の頃からのおやつと言えば、柿やみかん、季節ごとの恵みである、やまもも・あけび・いちじく・栗。ニッキの根をかじることも。さらにこの土地ならではの夏のおやつがもう一つ。六カ迫鉱泉《ろっかさここうせん》という湯治場から湧き出る、鉄分を多く含んだ炭酸水。「子どもの頃は、みんなで一升瓶を持って歩いていきよったよ。私の子どもたちも、学校帰りに立

ち寄ってよう飲んで帰ってきよった。昔は、一升瓶に木の栓をして持ちかえりよったんやけどな、瓶の中からシュウシュウ音が聞こえて、ポンっと栓がはじけよったわ」

「とにかく、戦前から戦後にかけては食糧が乏しくて、おなかが空いた時には、小麦粉に塩を混ぜて水でといたものを鍋で焼いた『じりやき』や、それを練って平たく伸ばし茹でた『ひきのべ』をお母さんがたくさん作ってくれよった。そして、私も同じように子どもたちにそれをおやつとしてよう作りよった」

土地と人、食べ物と暮らしの濃密な循環の中で暮らしてきた。

「今では買ったほうが安いけん、こげー作る人ももうおらんようになったなぁ」

松ヶ岳地区では、子どもたちが通った学校も廃校になり、現在はチエ子さんと同年代の方々の寄合が定期的にひらかれる場所となっています。「そこでカラオケしたり、おしゃべりするのが楽しみなんよ」

チヱ子さんが暮らす松ヶ岳地区は、臼杵湾、果てには四国も展望できる山の上に。周囲を山に囲まれ、段々畑が家々を取り囲む。

にゅう　ちえこ●昭和9年5月5日、大分県臼杵市生まれ。農家の娘として生まれる。19歳で結婚し、四人の子どもをもうける。かつては生活に必要なものは、ほとんど作って暮らしており、空いた時間にわらじ編みや籠つくりもして生計を立てていた。松ヶ岳は、臼杵市の山間にあり、落武者が流れ着いてつくった村という言い伝えがある。

じりやき

材料　２〜３人分

小麦粉…２００g
塩…少々
水…１５０cc
黒糖…お好みで

作り方

1 小麦粉をカップ２杯分ボウルに入れる。

2 塩を一つまみ入れる。

3 水をいれ、小麦粉がダマにならないように混ぜ合わせる。

4 温めたフライパンに適量を流し込み、焼き色をみながら両面焼いていく。

5 包丁で何等分かに分けて、黒糖を添えて完成。

ひと粒で2度おいしい「じりやき風クレープ」

あんこがあれば、じりやきに塗ってくるくる巻きにし、適当なサイズで輪切りにすれば、食後のデザートに。また、生地を作るのに水を使うのではなく、牛乳を使って卵と砂糖も入れれば、より食べやすくなります。後は、お好みで生クリームやフルーツ、ジャム、チョコレート、アイスクリームを包めば、より華やかなデザートに。

じょうようかんと豆ようかん

長崎県南松浦郡新上五島町
奈良尾郷

浜町蕗子さん

長崎県五島列島にある、奈良尾地区。和歌山県の漁師が移り住み、巻き網漁で栄えた漁港、島の中でも独特の文化を持つ。浜町蕗子さん、77歳。畜産業の傍ら精肉店を営むご両親の元、7人兄弟の長女として生まれました。長女として、兄弟の面倒を見るのはもちろん、父の友人や親戚が集まる時、親族の友人たちが漁を終えて船が戻ってきた時は、家族や親戚、漁師の友人たちの食事の準備や宴の準備で祖母や母とともに台所にたちました。

おやつと言えば、団子や小麦をつかった素朴な甘味。家の周りで取れる果物が日常的なものでしたが、「じょうようかん」「豆ようかん」は子どもたちにとってご馳走でした。この二つは、奈良尾にしかありません。

「昔は、冠婚葬祭のオードブルに必ず添えられていた特別なスイーツで、最近

は日常的に食べられるようになってきました。先人が和歌山から船でたどり着く際、宮崎や鹿児島を経由しカルカン粉を持ち帰り、それを使って奈良尾にしかないおやつができたのではないでしょうか」と、蕗子さんのサポートで来てくださった末っ子兄弟の重利さん。「じょうようかんに使われる長いもは、五島では身近な食材の一つなんです。姉（蕗子）さんとこの兄さん（旦那さん）は、特に自然薯を掘るのがうまかったもんなぁ。年中いもば掘ってきとったよな」と、二人で当時を思い出します。

奈良尾のおやつで特徴的なのは、漁港へ集まった各地の食材がふんだんに用いられていることです。

「昔の奈良尾は、港が船でいっぱいになりたくさんの人が全国から訪れ、漁師であふれかえっていました。そのため自然と多くの食材が集まってきたんです。五島の中でもよそのお菓子は、お砂糖がたりんけん甘くなかった。奈良尾のは、その当時貴重だった白砂糖をぞんぶに使っとったけん、甘くて美味しかったとよ」

今は、4年前にお亡くなりになった旦那さまの101歳になるおばあちゃんの面倒を見ながら二人で暮らしている。そんな101歳のおばあちゃんも「うまか、うまかと言って、今でもじょうようかんば食べるもんね」

蕗子さんの自宅は、港から程近い丘の上。フェリーの往来を告げる汽笛が聞こえ、山と海に囲まれ、島だけの静かな時間が流れる。

はままち ふきこ●昭和16年2月14日生まれ。8人兄弟の長女として生まれる。奈良尾の昔ながらのおやつを作り続け、それを若いお母さんたちに教え伝えている。孫たちが帰ってくると、手作りのおやつや名物の皿うどんを作ってあげる。草もちは、地元でも絶品との評判。

じょうようかん

材料

長いも…400g
カルカン粉…400g
砂糖…400g
酒…1カップ弱
卵白…1個分

作り方

【下準備】

・長いもを薄く切り、フードプロセッサーでなめらかになるまですりおろす。
・卵白をボールにいれ、軽くときほぐしてから、角が立つようになるまで泡立てる。

1

砂糖に、日本酒を入れ混ぜる。しっかり混ざったらカルカン粉を足して、さらに混ぜる。砂糖やカルカン粉がダマにならないように注意する。

2
準備していたメレンゲを加えて、さらによく混ぜる。生地が重くなってくるので、ボールの底からすくうような感じで、混ぜ合わせていく。

3
全部混ざり終わったら容器に生地を流し込む。竹串をつかって四つ角を整える。

4
蒸し器に十分に沸騰した水をいれて、火にかける。1時間ほど蒸して、竹串をさして生地がついてこなければ出来上がり。蒸し器から熱いうちに出して、冷めれば完成です（熱いうちだと取り出しやすく、冷めてしまうとさらしにくっついてしまう）。

豆ようかん

材料

小豆…3合
上白糖…600g
塩…少々
小麦粉…120g
片栗粉…50g

作り方

【下準備】
小豆は綺麗に水洗いしておく。

1 小豆の形が崩れない程度、芯がやわらかくなるまで茹でる（中火で1時間程度だが、様子を見ながら煮ていく）。

2 ザルにさらしを敷いて、そこに小豆をあげる。小豆が潰れない程度にさらしを絞って十分に水分を切る。

3 砂糖を加えてよく混ざったら、塩を少々加える。さらに、小麦粉と片くり粉を加えよく混ぜる。

4 容器に流し込む。竹串を使って空気を抜き、四隅の形を整える。

5 蒸し器に入れて1時間ほど蒸す。

6 常温で冷やした後、型からはずし、適当な大きさに切り分ける。

※バラバラに崩れる可能性があるので十分冷ましてから型からはずす

フーチバームーチー

沖縄県大宜味村

宮城道子さん

この日、食卓に並んだ他の料理、ゴーヤーと魚肉ソーセージの挟み揚げも、タピオカアンダギーも、ひときわ大きくて、眺めているとフーチバー（よもぎ）の餅のように気持ちがまるくなりました。

一つひとつが大きくなるのは、道子さんが13人という大家族だったからでしょうか。自分の6人の子以外にも親を亡くした孫を引き取って育てたといいます。

「とにかくやりくり。お金ないと子ども養えないから。台風の災害なんかあったら、二人で農業していたら生活できない。うちのおやじ（夫）は大工でお金を毎月入れる。自分が農業」

でもある時、年中真っ黒に日焼けしている自分の姿を見て気が塞いだといいます。

「わたし洋裁が好きだったのに、なんで農業やってるんだろう。こんな地味な生まれかねーって、あんまり自分がいやになって。これではいけないと思って、じんぶん（知恵）出して、なるべく畑から出る時間をつくって、組織に入って勉強した。ゆんたく（おしゃべり）もやって、それで気持ちを切り替えたわけ」

組織というのは農業委員や民生委員など。そのうち、料理のコンテストで発表するような機会にも恵まれるようになりました。

道子さんが暮らす塩屋という集落の密かな名産品がフーチバームーチーです。
「明治に奄美大島から歯医者が塩屋に来たわけ。ここで働いているジョーシカー（使用人）たちがまずやって、塩屋のおばぁたちが習って、沖縄県にまで広がった。これをずっと守ってきてるわけ」

餅の大きさと多さに驚いていると……。
「2つ仏壇があるから、人より多くつくる。シーミー（二十四節気の清明の頃に行われる先祖供養の行事。沖縄の大きなお墓の前でお供えとともに、重箱料理を囲む）も彼岸もあるさ」

もうひとつ作ってくれたのは、ウムニーという芋のおやつです。米が十分に食べられなかった時代、年に一回、神様に供えて感謝しました。
「この行事が今消えつつあるわけ。若い人はシニヌギル（楽する）。買って間に合わせてしまう。作らん」。また、蒸した芋ともち粉を混ぜ合わせるのに力がいるから「男使いよった。難しいでしょ。だから今、年寄りも作らん」

毎月1日と15日には、小麦粉を水で溶き、焼きまるめるポーポーというシンプルなおやつも作ります。これもお供えのためです。

神様と、先祖と、つながるおやつ。

「みんな健康させて、孫たちも守ってください」と道子さんは手を合わせます。


ある時、真っ黒に日焼けた自分を見て「こんな地味な生まれかねー」と気が塞いだ道子さんでしたが、人と触れ合う生き方に気持ちを切り替えました。

みやぎ　みちこ●昭和4年、沖縄県生まれ。大工の夫とともに農業（サトウキビやパイナップル）で大家族を育てた。その傍ら、農業委員や民生委員、生活改善グループのメンバーとして、多くの人と触れ合って生きた。現在、息子夫婦と3人暮らし。畑と台所には毎日立つ。6人の子のうち「5名は東京にいるからさ。何かあるたびに送る。何回も東京行くからわかるわけよ。あちこち行くよ」と、東京の地名はすらすら出てくる。

フーチバームーチー

材料（約30個分）

［フーチバーペースト］
フーチバー（よもぎ）…200g（茹）
上白糖…200g
水…適宜（フードプロセッサーが動く分量）

水…2カップ
砂糖…200g
もち粉…1kg
月桃の葉…3枚
きな粉…適宜

作り方

1 茹でたフーチバーを絞り、細かく刻んで、砂糖といっしょにフードプロセッサーに入れ、適量の水を加えながらドロドロになるまでかける。

2 ボール（鍋）に水、砂糖、もち粉を加え混ぜ、更に**1**のペーストを追加し、トロッと流れる柔らかさにする。

3 蒸し器に濡れた蒸し布、その上に月桃の葉を敷いて、**2**を流し、40～50分蒸す。

4 **3**の餅の余熱があるうちにバットに移し、茶筒の蓋に穴を開けた道子さん手製の道具で丸く型抜きをして、きな粉をまぶす。

郷土のおやつ

九州・沖縄編

南蛮渡来の技法が今に生きる九州

九州地方は、北部の福岡、佐賀、長崎の郷土菓子に、南蛮の影響を受けたものが多く見受けられるのが特徴です。江戸時代、長崎の出島は欧州との貿易港として、平戸は中国との貿易港として開かれていたことから、多くの異国文化が流入しました。

福岡藩と佐賀の鍋島藩は1年交代で長崎警備を命ぜられていたときけば、南蛮菓子がこの3県に深く根付いたこともうなづけます。出島を通して輸入された欧州の砂糖が、長崎街道を通って佐賀、福岡、そしてさらに大阪、京都へとわたって行き、様々な砂糖菓子が作られていったのです。このような経緯から、長崎街道は「シュガーロード」とも称されています。この3つの県の特徴ある郷土菓子についていくつかご紹介しましょう。

福岡

日本三大銘菓のひとつとされる鶏卵素麺が有名（他には新潟「越乃雪」、金沢「長生殿」、松江「山川」があり、三大銘菓の組み合わせには諸説あり）。

鶏卵素麺とは、煮沸させた糖蜜の中に、鶏卵を細く流し入れ、素麺のように仕上げたもの。安土桃山時代、長崎平戸に伝来した南蛮菓子が起源といわれ、1673年、松屋の初代松屋利右衛門が製造販売を開始。以後福岡藩黒田家への献上菓子となりました。栄養価が高く、昭和初期までは滋養菓子としても重宝されました。

佐賀

丸ぼうろが有名。「ボーロ」はポルトガル語ではまさにお菓子という意味ですが、日本の「ぼうろ」は、小麦粉、鶏卵、砂糖を合わせた焼いたものを指します。

伝来起源は諸説あり、鶴屋二代目太兵衛が、天和年間（1681～84年）に出島のオランダ人から製法を習ったという説、菓子店の北島が南蛮菓子の製法を伝える佐賀伊勢屋町の横尾家に製法を習ったという説など。

小麦粉と砂糖だけを使って作られ当初は非常に堅かったこの丸ぼうろが、現在のようにさくさくした柔らかい食感になったのは明治に入ってから。鶏卵を使用したことが大きな変革をもたらし、老若男女にとって食べやすい郷土菓子として根付いていったのです。

長崎

「一口香」が有名。江戸時代に中国から伝わった唐饅頭がルーツとされつつも定かではありません。焦げ色の堅めの皮の内側は空洞になっていますが、その工程はこう。「水飴で捏ねた小麦粉生地を丸め、中に黒砂糖や蜂蜜を入れて焼く。生地が膨張して中の蜜に気泡ができ、冷やすとその気泡が飴状になって内側にくっつき空洞になる」そんな複雑かつ巧妙なつくりから、「カラクリ饅頭」の異名もあるとか。

　佐世保や平戸では、「一口香」は正月のお菓子とされ、元旦の朝にこれを食べてお屠蘇で祝うのだそう。

沖縄県

琉球王朝時代には160種類ものお菓子があったそうですが、最も有名なのは、なんといっても「ちんすこう」でしょう。「ちんすこう」は、琉球王朝時代から作られている歴史あるお菓子。砂糖、ナチュラルショートニング、小麦粉をこね合わして木型にて抜き取り、焼き上げた品です。元々は宴席などで、王族や高級貴族しか口に出来ない希少な菓子でしたが、琉球処分後に民衆にも広まりました。

　その他、「花ぼうる」「くんぺん」「ちいるんこう」も親しまれています。

琉球王朝の歴史までさかのぼる 沖縄菓子のルーツ

沖縄の郷土菓子のルーツをたどると、約200年前までさかのぼることになります。当時の琉球王朝は中国と日本の両属関係にあり、中国との主従関係を保ちながら本州へも出向いていました。当時、琉球王府の包丁役(料理方)だった新垣親雲上淑規は、中国伝来菓子を元にしつつも、本州の技術も取り入れ、また近隣諸国の製法等も参考にしながら、独特の琉球王朝菓子を作り上げました。

おばあちゃんたちのこだわりの道具

本書に登場して下さったおばあちゃんが、取材中大切に使っていた調理道具や器。お話をうかがっていると、そこにもおばあちゃんの知られざる物語が詰まっていました。

中には取材中が終わった後、「こんなのがあるよ」とわざわざ出してきて下さった方も。道具が語る、おばあちゃんの歴史と物語を最後に。

銅のボウル・北海道 ― 金井智子さん

智子さんにとって大切な道具は、姉妹にとって大切な道具。それは二人で店を始めたときに揃えた、銅のボウル。お菓子作りで銅の調理具は重要な道具で、熱が伝わりやすくお菓子の色が綺麗に表現できます。また、銅には抗菌作用やヌメリ防止効果があり、衛生面においても優れているという点が。お店で使っていた道具の大半は譲ってしまいましたが、銅のボウルは今も大切に残してあります。

手ぬぐい、ざる、庖丁など・岩手県 ― 梅津末子さん

多くの料理教室を抱える末子さんの愛用道具は、手ぬぐいやざる、包丁、へらなど、料理道具一式。公私問わずに料理に関わってきた末子さんならではのラインナップとなりました。「小さな台所道具のひとつが作り出す、ちょっといい時間。いまは便利なキッチン道具がいっぱいあります。でも、手をかけることで、生まれる家族の時間は、便利さには代えられません」

お盆・茨城県──宮田好江さん──

好江さん夫婦二人にとって大切な道具は、45年前ご自宅を建てた時に引き出物として作ったお盆。全力で日々を過ごし子どもたちを育てあげ、仕事に精をだしてきた二人にとって、“あの時”を思い出させてくれるこのお盆。「こうしていつ何したかわかるものが残ってると、ありがたい。無いと思い出せなくなっちゃうけど、あると簡単にわかるもの」

すり鉢・東京都──松崎智恵子さん──

どこかノスタルジックな雰囲気を漂わせているすり鉢。一説によると日本では平安時代から使用されており、鎌倉時代から現在の私たちがよく知る器の内側に櫛目がある形状になっていったようです。最近ではフードプロセッサーを使う人が少なくないですが、食材をすり鉢ですることによって、手間はかかりますが、なめらかな舌ざわりに仕上げ、ふわふわな食感をつくりあげることができます。

おこしもんのたいの木型・愛知県

鈴木ときさん

おこしもんは愛知県や三重県の一部の地域だけで食べられている桃の節句の伝統的なお菓子。花やエビ、たい、富士山など縁起がいいとされているものの形が多いのが特徴です。米の粉だけを使って練り上げ、木の型に入れて蒸して、食紅で色をつける。お餅や団子のようなもっちりした食感で砂糖醤油を付けて食べるのがポピュラー。現在は木型の入手が難しいらしく、スーパーで買う人が増えているのだとか。

粉振り器・三重県

森 孝子さん

砂糖と卵をクリーム状にかき混ぜて、薄力粉を銀色に光る粉振り器へ。これはアメリカで手に入れて以来の愛用品。木製ハンドルを回すと小麦粉とベーキングパウダーが雪のように積もっていきます。この作業が大切で、粉をふるうことによって粉のかたまりを取り除くと同時に、空気をよく含ませることによってふんわりとした食感に焼き上げることができます。

木の棒・島根県

三宅千代子さん

子どもの頃、学校に行くため千代子さんが自ら草履を作る際に使っていた木の棒。今はあずきを叩くために使っているそうです。かつて囲炉裏で使っていた歴代の自在鉤も並んでいます。また、家の修理や小屋を建てるときは、自分たちで木を切って、採寸し、施工していたので、その当時使っていた大工道具や、木を切る大きなのこぎりも残っていました。

木槌・広島県

鈴木千佐登さん

乾燥させた天草を木槌で叩き、やわらかくするためにずっと使っている木槌。たたくことによって食感を残しつつも、やわらかくなり、味がからみやすくなります。
この形状のものは横鎚といい、通常の鎚に比べ、強くたたくことはできませんが、操作しやすいという利点があります。
縄文時代の遺跡からも発見されており、その歴史はかなり古い道具です。

ホーローのボウル・徳島県

川人由子さん

底が少し平たくなっている大きなボウルは、混ぜやすくて、ういろうやお団子、巻き寿司などを作る時に重宝している。いつも自分では食べきれない量をつくる由子さんにはぴったり。また、ホーローは匂いがつきにくく、食材の味や色に影響が出にくい素材であるという利点も。「角がカーブしているから、酢飯を混ぜる時も角にお米が残らなくていいのよ」

器・福岡県

一木いくこさん

戦時中に、旦那さまが大切な器だからと言って、土の中に埋めていたお皿。白地に映える模様が綺麗で、円形とも六角形ともとれるような形が特徴的。他に埋めた器は割れているものが多いなか、この器はどこに埋めていたのかを覚えていて、ちゃんと掘り起こして見つけることができたといいます。過酷な戦争を乗り越え、形もそのままに残った思い出深い一品。

すり棒・長崎県

浜町蕗子さん

蕗子さん愛用の道具は、すり棒。おやつからかまぼこ作りまで広く活躍したこの棒は、使用過程ですり減っていき、それが料理に混ざることで、絶妙な食感を生み出しました。これが健康にも良かったのではと、蕗子さん。お宅には三代目までのすり棒が。一番短いものは肩たたき棒となり、その役目を終えた今もなお、蕗子さんに寄り添っています。また、すり棒と共に長年使用しへこんだまな板も愛着ある一品。

大釜・大分県

丹生チヱ子さん

チヱ子さんにとって大切な道具は、今でも現役の大釜。昔は、必要に応じて持ち出して設置し、その大釜を使って味噌、醤油、豆腐をつくったり、茶葉を炒ったりと大活躍。「今でも自分が飲む分くらいは炒りよるよ」とチヱ子さん。4人のお子さんを育てあげたチヱ子さんのパワフルな生活が見えてくる。この大釜はそう感じさせるような佇まいをしていました。

おばあちゃんとおやつ

２０１７年12月13日　第1刷発行
企画＝産業編集センター
編集＝松本貴子
ブックデザイン＝ohmae-d
取材協力＝制野善彦／赤坂環（まちの編集室）／佐々木直子／
亀貝太治（(有)カメガイアートデザイン）／桾沢和典・桾沢厚子（Bricole）／
西屋真司（カラスブックス）／砂川みほ子（とほん）／
長谷川朋也（長谷川写真事務所）／岡本礼教（Bridge）／
中尾守岐・中尾圭（港の編集室）／黒川祐子（アイデアにんべん）／田村ハーコ
発行＝株式会社産業編集センター
〒１１２-００１１　東京都文京区千石4丁目39番17号
ＴＥＬ　０３-５３９５-６１３３　ＦＡＸ　０３-５３９５-５３２０
印刷・製本＝アベイズム株式会社

参考文献

『47都道府県・和菓子／郷土菓子百科』亀井千歩子（丸善出版）
『太陽の地図帖０２２　郷土菓子　ふるさとの味を旅する』平凡社
『別冊太陽　日本のこころ１３５　和菓子風土記』平凡社

 ISBN978-4-86311-171-4　C0077